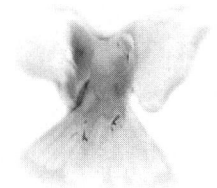 하나님의 능력

하나님의 능력

윗취먼 니 지음
미 크리스찬 휄로쉽 출판사 편집
문창수 옮김

정경사

Powerful According To God
*A Month's Meditation on Prayer
with Watchman Nee*

© 2005
Christian Fellowship Publishers, Inc.
New York
All Right Reserved
Translated and published by permission

서문

　기도는 영적 생활의 숨결입니다. 그것은 죄인의 기도로 시작해서 성도가 그의 영을 하나님께 위탁하는 것으로 끝납니다. 기도는 너무 단순해서 어린이도 할 수 있지만, 너무 깊어 배우는데 한 평생이 걸립니다. 기도의 학교로부터 졸업이라는 것은 없습니다. 기도는 신자의 영성의 척도입니다. 기도는 사람이 하나님께 바칠 수 있는 최고의 사역입니다.
　본서에서 윗취먼 니 형제는 묵상할 때 우리를 돕기 위해 기도에 관한 그의 생각을 우리와 나누고 있습니다. 그는, 우리가 왜 기도하는가로부터, 어떻게 기도하는가와, 기도에서 어떻게 하나님의 능력이 될 수 있는가로 우리를 이끌어 주고 있습니다. 기도에 대한 이 영적 기술이 하나님을 향한 마음을 갖는 모두에게 열려 있습니다.

일러두기
본서에서 사용한 한글 성경 본문은 개역개정판(1998년)을 따랐음.

차례

서문 · 5

제 1 부 그러므로 너희는 기도하라

제1일	왜 기도하는가? 기도는 하나의 신비	11
제2일	누구에게 기도하는가	17
제3일	누구를 위해 기도하는가	21
제4일	기도할 때 위선자나 이방인처럼 기도하지 말라	27
제5일	그러므로 너희는 이렇게 기도하라(1)	33
제6일	그러므로 너희는 이렇게 기도하라(2)	39
제7일	그러므로 너희는 이렇게 기도하라(3)	47
제8일	그러므로 너희는 이렇게 기도하라(4)	57

제 2 부 너희는 기도할 때

제9일	기도는 의	65
제10일	주 예수의 이름으로 기도하라	71
제11일	믿음으로 기도함	77
제12일	기도와 부담	83

제13일	기도와 압력	89
제14일	성령으로 기도하라	95
제15일	세 번 기도하라	101
제16일	눈물로 기도하라	107
제17일	경계하고 기도하라	113
제18일	잘못 기도하지 말라	119
제19일	포기하지 말라	125

제 3 부 하나님의 능력

제20일	기도의 세 국면	135
제21일	기도는 교회의 사역	143
제22일	땅이 하늘을 좌우한다	151
제23일	성령 안에서의 조화	159
제24일	권세 있는 기도	167
제25일	매고 풀기	175
제26일	기도 전쟁	183
제27일	적에 대항하는 기도	191
제28일	기도와 하나님의 일	199
제29일	공동 기도	207
제30일	기도 모임(1)	213
제31일	기도 모임(2)	219

제 I 부

그러므로 너희는 기도하라

제1일

왜 기도하는가? 기도는 하나의 신비

> 구하라 그러면 너희에게 주실 것이요 찾으라 그러면 찾을 것이요 문을 두드리라 그러면 너희에게 열릴 것이니(마 7:7).

기도는 영적 영역에서 가장 경이로운 행위일 뿐만 아니라, 가장 신비로운 사건입니다. 기도는 하나의 신비입니다. 우리는 기도의 주제와 관련하여 몇 가지 질문들을 고찰해보고 나서야 기도를 둘러싸고 있는 신비한 성격을 더 잘 이해하게 될 것입니다. 이 질문들은 대답하기가 매우 어려운 것들이기 때문입니다. 그러나 이 같은 논평의 말이, 기도의 신비는 불가사의하다거나, 기도에 관한 여러 가지 문제들이 설명할 수 없는 것이라는 뜻으로 하는 말은 아닙니다. 이 말은 기도에 관해 많이 알고 있는 사람들이 다만 매우 적다는 사실만을 가리킨다고 하겠습니다. 이런 사실을 감안해볼 때 기도로서 하나님을 위해 많은 일을 참으로 성취할 수 있는 사람은 많지 않습니다. 기도의 능력은, 우리가 기도를 얼마나 많이 하는가에 있지 않고, 우리의 기도가 기도의 원칙과 얼마나 잘 부합하는가에 있다는 것입니다. 이런 종류의 기도들만이 참된 가치가 있습니다.

맨 먼저 물어야 할 중요한 질문은 '어째서 기도하는가!' 입니다. 기도하는 목적과 그 쓸모나 유용성은 무엇에 있는가? 하나님은 전지하시며, 전능하시지 않는가? 우리가 기도할 때까지 하나님은 어째서 일을 시작하시기 전에 기다리시지 않으면 안되는가? 하나님께서 아시고 있는데, 우리는 어째서 그에게 모든 것을 말씀드리지 않으면 안되는가!(빌 4:6) 하나님은 전능하신데 어째서 직접 사역하시지 않는가? 어째서 하나님은 우리의 기도가 필요하신가? 어째서 구하는 자에게만 주시며, 찾는 자들만이 찾으며, 문을 두드리는 자들만이 들어가는가?(마 7:7) 어째서 하나님은 "너희가 얻지 못함은 구하지 아니하기 때문"(약 4:2)이라고 말씀하시는가?

위의 질문들과 함께, 우리는 다음과 같이 계속 묻지 않으면 안됩니다. "기도는 하나님의 뜻에 배치되는가? 기도와 정의는 어떤 관계가 있는가?"

우리는 하나님께서 어떤 일에서든 결코 자기 뜻과 어긋나게 행하시는 일이 없음을 압니다. 만약 문을 여는 것이 하나님의 뜻이라면, 하나님은 문을 여시기 전에 우리가 문을 두드리기까지 어째서 기다리셔야만 하는가? 하나님은 전지하시니까 우리가 문들을 열어야 할 것을 아십니다. 그렇다면 어째서 하나님은 문을 여시기 전에 우리의 두드림을 기다리시지 않으면 안되는가? 만약 문이 열리게 되어 있고, 문들을 여는 것이 하나님의 뜻과 부합한다면, 그리고 만약 하나님이 우리에게 문이 열려야 할 필요가 있음을 아신다면, 어째서 하나님은 우리가 문을 두드리기를 기다리시고 있는가?

그렇지만, 우리는 다음 질문들을 더 묻지 않으면 안됩니다. 하나님의 뜻은 문을 여는 것이며, 문을 여는 것은 정의(공평)와 일치하므로, 우리가 두드리지 **않는다면** 하나님은 그래도 문을 여실 것인가? 아니면, 하나님은 우리 기도를 기다리시기 위하여 어떤 일도 성취함이 없이 그의 뜻과 정의가 지연되게 하실 것인가? 우리가 두드리지 않으므로, 하나님은 문을 여시려는 그의 뜻이 정말 좌절되게 하실 것인가?

그렇다면, 하나님의 뜻이 우리로 말미암아 제약될 것이 아닌가? 만약 하나님이 전능하시다면, 어째서 하나님은 스스로 이 문을 여실 수가 없다는 것인가? 어째서 그 대신 우리가 두드리기 까지 하나님은 기다리시지 않으면 안되는가? 하나님은 그의 뜻을 정말 성취하실 수 있는가? 하나님이 하실 수 있다면, 어째서 그가 문을 여심(하나님의 뜻)이 우리의 두드림(사람의 기도)에 좌우되게 하시는가?

이 모든 질문들을 물어보고 나서, 우리는 기도가 하나의 큰 신비라는 깨달음에 이르게 됩니다. 왜냐하면, 여기서 우리는 하나님의 일하심의 한 원칙을 보게 되기 때문이며, 이 원칙에 따르면, 하나님께서 몸소 일어나 일을 하시기 전에 하나님의 백성이 기도하지 않으면 안된다는 것입니다. 즉 그의 뜻은 그에게 속한 사람들의 기도를 통해서만 실현되게 된다는 것, 즉 신자들의 기도가 그의 뜻을 성취하게 된다는 것, 즉 하나님은 그의 뜻을 혼자서 실현하지 않으실 것이라는 것입니다. 하나님은 그의 백성이 기도로서 그들의 공감을 보인 후에만 수행하실 것이라는 것입니다.

사실이 그러하기 때문에, 기도는 신자가 하나님과 함께 일하는 한 가지 행위 이외에 다른 것이 아니라고 말할 수 있습니다. 한 신자가 땅 위에서 발설하는 기도는 다만 하늘에 계신 주의 뜻을 표명하는 것에 지나지 않습니다. 기도는 하나님이 우리의 간청에 양보하시고 우리의 이기주의적 소원을 가득히 채워주신다는 것이 아닙니다. 기도는 하나님의 뜻을 변화시켜 그가 마음 내키지 않는 것을 하시게 하도록 강요하는 것이 아닙니다. 그렇습니다. 기도는 단순히 하나님의 뜻을 신자의 입을 통하여 말씀드리는 것입니다. 하나님 앞에서 신자는 주의 뜻이 이루어지도록 기도로써 구하는 것입니다.

기도는 하나님께서 이미 결정하신 것을 개조하지 못합니다. 기도는 아무 것도 결코 변화시키지 않습니다. 기도는 단순히 그가 이미 미리 정하신(foreordained) 것을 성취하는데 지나지 않습니다. 그러나 기도가 없으면 한 가지 변화를 가져옵니다. 그의 백성들이 기도를 통하여 그와 협력하지 않으면, 하나님은 그의 많은 결정사항을 보류하실 것이기 때문입니다.

"진실로 너희에게 이르노니 무엇이든지 너희가 땅에서 매면 하늘에서도 매일 것이요 무엇이든지 땅에서 풀면 하늘에서도 풀리리라"(마 18:18). 우리는 주님의 이 말씀을 잘 알고 있습니다. 하지만 이 말씀은 기도에 언급하고 있다는 것을 알아야 합니다. 따라서 이 말씀에 즉시 이어 그리스도의 다음 같은 진술이 이어지고 있습니다. "진실로 다시 너희에게 이르노니 너희 중에 두 사람이 땅에서 합심하여 무엇이든지 구하면 하늘에 계신 내 아버지께서 그들을 위하여 이루게 하시리라."(마 18:19)

제1일 「왜 기도하는가? 기도는 하나의 신비」에서 얻은 주(note)와 묵상 내용:

....

....

....

....

....

....

....

....
....
....
....
....
....

제2일

누구에게 기도하는가

너는 기도할 때에 네 골방에 들어가 문을 닫고 은밀한 중에 계신 네 아버지께 기도하라 은밀한 중에 보시는 네 아버지께서 갚으시리라(마 6:6).

성경의 기도들은 지성적이어서 지각이 없지 않습니다. 주 예수께서 우리에게 기도하라고 가르치실 때, 그가 맨 처음 주신 말씀은 "하늘에 계신 우리 아버지"입니다. 주는 우리가 하늘에 계신 우리 아버지께 기도하라고 가르치십니다. 그러나 우리 기독교인들은 방 안의 하나님께 기도할 때가 많습니다. 기도는 하늘 아버지께서 들으시도록 드려져야 합니다. 하나님은 우리의 느낌이 좋든 나쁜 관계없이, 또는 비록 느낌이 떠오르지 않더라도 우리의 기도를 믿음으로 하늘로 보내기를 바라십니다. 만약 당신이 당신의 방 안의 하나님께 기도를 드리고, 방 안의 하나님께서 들으시기를 기대한다면, 당신은 방 안의 하나님으로부터 많은 이상한 느낌과 기적 체험과 환상을 받게 되지 않을까 염려스럽습니다. 이런 것들은 사탄이 당신에게 주는 것이며, 당신이 사탄으로부터 받는 것은 무엇이든 의식이나 잠재의식에 속하는 것입니다.

방 안의 하나님께 기도하지 않는 사람도 있을 것입니다. 그 사람은 그 대신 자기가 도와주려는 어떤 사람을 향해 기도를 드릴 것입니다. 이것 또한 가장 위험한 것입니다. 당신이 수 백, 수 천리 멀리 떨어져 있는 곳에 친구를 갖고 있다고 생각해 보십시오. 당신이 경우에 따라 하나님께서 그를 말씀으로 소생시켜 주시거나, 그를 구해주시도록 그를 위해 기도를 드릴 수는 있습니다. 당신의 기도를 하나님께로 향하여 드리는 대신 당신은 당신의 생각과, 당신의 기대와, 당신의 소원에 집중시켜, 이것을 당신의 친구를 향해 하나의 힘(혼의 힘)으로 보내게 되는 수도 있습니다. 그러면 당신의 기도는 화살들이 당신의 친구를 향해 날아가듯 당신의 생각과, 소원과, 요망을 쏘아 보내는 활처럼 되어버립니다. 친구는 이 힘 때문에 중압감을 받고 너무 억눌려 당신이 구하고 기도한 것을 정확히 받게 될 것입니다. 당신은 당신의 기도가 응답되었다고 생각할지 모릅니다. 그러나 분명히 말씀드리지만, 당신의 기도를 응답한 것은 하나님이 아닙니다. 당신은 하나님께 기도하지 않았기 때문입니다. 그것은 단순히 당신이 친구를 향해 보낸 기도에 대한 반응에 지나지 않는 것입니다.

어떤 사람이 자기 기도가 응답되었다고 주장을 하는데, 그 사람은 "나는 내 친구에게 기도를 산더미처럼 쌓아올렸기 때문에"라고 말합니다. 그렇습니다. 당신은 하나님께 기도하지 않고 **그**를 향해 기도했습니다. 당신의 기도는 응답되었지만 그러나 하나님으로부터 응답된 것이 아닙니다. 당신은 최면술을 알지 못하더라도, 당신이 은밀히 행한 것은 사실은 최면의 법칙을 성취한 데 지나지 않는 것입니다. 당신은 당신의 정신력(psychic force)을 풀어놓아 이런 행위를 수행하게 된 것입니다.

왜 그렇겠습니까! 당신은 하늘의 하나님께 기도하지 않고 그 대신 당신의 기도들은 당신이 기도하는 사람을 향해 투사되고, 쌓이고, 그를 포위한 것입니다. 겉으로 보기에는 당신은 기도하고 있지만, 실제로는 당신은 당신의 정신력으로 그 사람을 압박하고 있는 것입니다. 당신이 어떤 사람을 위해 기도할 때 당신의 혼의 힘을 사용한다면, 이를테면 그가 처벌까지는 아니더라도 최소한 징계를 받아야 한다고 기도한다면, 당신의 혼의 힘에 의한 기도가 그에게로 화살처럼 날아가게 되어 그는 따라서 병이 날 것입니다. 이것은 혼의 불변의 법칙입니다. 이것은 사람이 자기 손가락을 불 속에 집어넣으면 그 손가락이 불에 타는 것처럼 확실한 것입니다.

이런 까닭에, 어떤 사람이 그에게 기대되는 일을 행하지 않는다고 해서 그 사람이 처벌을 받아야 한다는 내용의 기도를 해서는 안 되는 것입니다. 그런 기도는 그로 하여금 고통을 받게 할 것이며,

따라서 그런 기도를 드리는 사람을 그의 화를 선동하는 자로 만들게 될 것입니다. 우리가 기도를 드린다면, 하나님께 드려야 하며, 어떤 사람을 향해서 해서는 안되는 것입니다. 필자인 나 자신이 이런 기도의 악영향을 경험한 적이 있습니다. 몇 년 전에 나는 1년 이상 병으로 앓았습니다. 이것은 대 여섯 명의 사람이 나에게 쌓고 있던 기도 때문이었습니다. 그들이 기도를 많이 할수록 나는 더욱 쇠약해졌습니다. 마침내 나는 그 원인을 찾게 됐습니다. 나는 그런 기도에 저항하기 시작했고, 그들의 기도로부터 나를 풀어놓아 주시도록 하나님께 간구했습니다. 그리고 나서 나는 건강을 회복했던 것입니다.

제 2일 「누구에게 기도하는가」에서 얻은 주와 묵상 내용:

....
....
....
....
....
....
....

제3일

누구를 위해 기도하는가

그를 향하여 우리의 가진 바 담대한 것이 이것이니 그의 뜻대로 무엇을 구하면 들으심이라(요일 5:14).

먼저 주목해야 할 점은 진정으로 기도하는 사람은 하나님께 자주 가까이 갈 뿐만 아니라, 그의 뜻이 하나님의 뜻과 자주 공감하는 사람입니다. 즉 그의 생각이 하나님의 생각 속으로 빈번히 들어가는 것입니다. 이것은 기도의 한 가지 매우 중요한 원칙입니다.

전적으로 우리의 필요에서 오는 종류의 기도가 있습니다. 주께서 그런 기도를 가끔 들으시기는 합니다. 그렇지만 주는 그런 기도로부터는 거의 조금, 또는 전혀 받아들이시지 않습니다. 다음 성경구절을 주목해 봅시다. "그러므로 여호와께서는 그들이 요구한 것을 그들에게 주셨을지라도 그들의 영혼은 쇠약하게 하셨도다."(시 106:14) 이 구절은 무엇을 의미합니까? 이스라엘 백성이 자기들의 욕심을 만족시키기 위해 하나님께 부르짖었을 때에, 하나님은 그들이 요구한 것을 주시어 그들에게 응답하셨을지라도, 그 결과는 그들이 그 앞에서 쇠약해졌다는 것입니다. 그렇습니다. 가끔 하나님께서는 여러분 자신의 필요를 만족시켜주시기 위해 여러분의 기도를 듣고 응답해 주실 것입니다. 그러나 그분 자신의 뜻은 성취되지 않았습니다. 그런 기도는 많은 가치가 없음을 깨달아야 합니다.

그러나 이것과 다른 종류의 기도가 있는데, 하나님 자신의 필요에서 오는 기도입니다. 이런 기도는 하나님으로부터 오는 것이며, 하나님이 시작하시는 기도입니다. 이런 기도는 가장 귀중한 것입니다. 이런 기도를 할 수 있기 위해서는 기도하는 사람은 하나님 앞에 자주 모습을 나타내어야 할 뿐만 아니라, 그의 뜻이 하나님의 뜻이 되게 해야 하고, 그의 생각이 하나님의 생각 안으로 들어가게 하지 않으면 안됩니다. 이런 사람은 습관적으로 주의 임재 앞에 살고 있으므로, 이런 사람에게는 그의 뜻과 생각이 알려지게 되는 것입니다. 그리고 이 하나님의 뜻과 생각들은 아주 자연스럽게 그 사람 자신의 소원이 되고, 그는 이것을 기도로서 표현하게 되는 것입니다.

오오, 우리는 이 두 번째 종류의 기도를 어떻게 배워야 하겠습니까? 비록 우리가 미성숙하고 연약하더라도, 우리는 하나님께 가까이 갈 수 있으며, 성령께서는 우리의 뜻을 하나님의 뜻으로 변화시킬 수 있고, 우리의 생각을 하나님의 생각으로 변화시키실 수 있습니다. 우리가 그의 뜻과 생각을 조금씩 접해봄에 따라 그가 일하시는 방법과 그가 우리에게 요구하시는 것을 좀 더 깨닫게 되는 것입니다. 그렇게 함으로서 점차 우리가 하나님의 뜻과 생각을 알게 되고, 그 속으로 들어가게 되고, 하나님의 뜻과 생각이 우리 안에서 우리의 기도가 되는 것입니다. 이런 기도는 큰 가치가 있습니다.

다니엘은 하나님의 생각 안으로 들어가, 이처럼 하나님의 뜻과 목적을 접촉하고 나서 그 자신의 마음속에서 하나님과 같은 소원을 발견했던 것입니다. 그러므로서 다니엘이 기도로서 부르짖고 신음하며 그의 소원을 표현했을 때, 그는 하나님의 소원을 실로 조리있게 표방하고 있었던 것입니다. 우리는 이런 종류의 기도를 하지 않으면 안됩니다. 이런 기도는 실로 하나님의 마음을 접촉하게 되기 때문입니다. 그 이상의 말이 필요가 없습니다. 우리에게 필요한 것은 주님의 마음을 더 접촉하는 일입니다. 하나님의 영께서 하나님의 마음의 의도 속으로 우리를 이끌어 가시게 해야 합니다.

물론, 이런 종류의 기도는 배우는데 시간이 걸릴 것입니다. 이렇게 배우는 과정을 시작할 때, 우리는 더 많은 말이나 더 많은 생각을 찾지 말아야 합니다. 우리의 영은 고요하고 평온해야 합니다. 우리는 우리의 현재의 상황을 주께로 가져와 그것을 주의 얼굴의 빛 가운데서 고찰할 수도 있겠고, 아니면 우리의 현재 상태를 잊어버리고 단순히 그의 앞에서 그의 말씀을 그냥 묵상하게 되는 수도 있습니다. 또는 우리가 그의 앞에서 그냥 살면서 우리의 영으로 그를 접촉해 보려고 할 수도 있습니다. 사실을 말씀드리면, 하나님을 만나러 가는 것은 우리가 아닙니다. 거기서 우리를 기다리고 있는 것은 하나님이십니다. 그리고 거기 그의 임재 앞에서 우리는 무언가를 깨닫고 하나님의 뜻을 접촉하게 되는 것입니다. 가장 큰 지혜는 바로 이 원천으로부터 옵니다. 이것에 의하여 우리의 뜻이 그의 뜻 안으로 들어가고, 우리의 생각이 그의 속으로 들어갑니다. 그리고 거기서부터 우리의 기도는 하나님께로 올라가게 될 것입니다.

우리가 우리의 뜻과 생각을 하나님께로 가져올 때에, 그의 뜻과 생각이 우리 안에 재현되기 시작하며, 그럴 때 이것이 우리의 뜻과 생각이 되는 것입니다. 이런 종류의 기도는 매우 가치가 있고, 비중이 큰 기도가 되는 것입니다. 주 예수께서 기도에 대해 하신 말씀을 회상해 봅시다. "그러므로 너희는 이렇게 기도하라. 하늘에 계신 우리 아버지여 이름이 거룩히 여김을 받으시오며, 나라가 임하시오며, 뜻이 하늘에서 이룬 것 같이 땅에서도 이루어지이다"(마 6:9,10). 이것은 우리가 그냥 되풀이해야 할 세 가지 어구가 아닙니다. 하나님의 뜻과 생각을 드러내주는 이 말씀들은 하나님의 영이 우리의 마음을 하나님께로 가져오실 때 우리 안에서 재현되기 위한 것입니다. 그리고 이것이 우리의 뜻과 생각이 될 때에, 우리가 그 후에 입 밖에 내는 기도는 매우 가치 있고, 매우 무게 있게 되는 것입니다.

하나님은 많은 영역에 관계하고 계시며, 땅 위에서 하실 일이 많이 있습니다. 그렇다면, 어떻게 우리의 느낌과 생각에 따라서 기도할 수 있겠습니까? 우리는 하나님께로 가까이 가 그분이 원하시는 것을 우리에게 명심시키시어, 우리 자신이 신음 소리와 함께 중재해 나서야 하지 않겠습니까? 이럴 경우, 우리가 그에게 가까이 감에 따라, 하나님은 복음을 전파하시려는 그분의 뜻을 우리 안에 넣어 주시고, 이것은 우리 안에서 부담이 될 것입니다. 그래서 우리가 이 부담에 따라 기도할 때, 우리는 마치 바로 우리의 탄식이 하나님의 뜻을 드러내듯 어떤 느낌을 갖게 될 것입니다. 주님은 우리 안에 여러 가지 다양한 뜻을 부과하시거나, 또는 여러 가지 다양한 부담을 우리 안에 재현하실런지 모릅니다. 그러나 그 특정의 뜻이나 부담이 무엇이든 한 사람의 마음속에 언제든 그것이 재현될 때마다 그 사람은 주님의 뜻을 그 자신의 뜻으로 만들 수 있고, 따라서 이것을 기도하게 될 것입니다. 다니엘의 경우, 그가 하나님 앞에 왔을 때, 그는 어떤 문제를 접촉하게 되었고, 그런 다음 그가 그 문제를 깊은 신음 소리와 함께 기도한 것을 보게 됩니다. 이 같은 기도는 얼마나 소중하고 실질적인 기도이겠습니까? 이런 기도는 하나님의 이름을 거룩하게 할 수 있고, 하나님의 나라가 임하게 할 수 있고, 하나님의 뜻이 하늘에서 이룬 것 같이 땅에서도 널리 퍼지게 할 것입니다.

제 3일 「누구를 위해 기도하는가?」의 주와 묵상 내용:

....
....
....
....
....
....
....

제4일

기도할 때 위선자나 이방인처럼 기도하지 말라.

나의 반석이시요 나의 구원자이신 여호와여 내 입의 말과 마음의 묵상이 주의 앞에 열납되기를 원하나이다 (시 19:14).

"또 너희는 기도할 때에 외식하는 자와 같이 하지 말라 그들은 사람에게 보이려고 회당과 큰 거리 어귀에 서서 기도하기를 좋아하느니라"(마 6:5-8 참조). 기도는 근본 하나님의 영광을 나타내기 위한 하나님과의 영교(communion)입니다. 그러나 이 위선자들은 하나님께 영광을 돌려야 할 기도를 자기들을 높이기 위해 이용합니다. 그 결과 그들은 회당과 길모퉁이에서 기도하기를 좋아합니다. 회당과 길모퉁이는 사람들이 모이는 눈에 띄는 공공장소이기 때문에, 그들은 이렇게 사람들에게 보이기 위해 행동하는 것입니다. 그들은 하나님께서 들으시도록 기도하지 않고, 그 대신 사람들에게 보이기 위해 기도하는 것입니다. 그들은 자기들 자신을 나타내기 위한 목적에서 그렇게 하는 것입니다. 그런 기도는 매우 천박한 것입니다. 그런 기도는 하나님께 기도하는 것도, 하나님과 교제하는 것으로도 생각될 수 없습니다. 그런 종류의 기도의 동기는 사람들로부터 영광을 받으려는 것이므로, 하나님의 기도 명부에 등록기재 되지 않으며, 그렇기 때문에 하나님으로부터 아무 것도 얻을 수 없습니다. 그들은 사람들의 찬양을 그들의 보상으로 받았습니다. 이런 까닭에, 그들은 앞으로 올 하나님의 나라에서는 기억되지 않을 것입니다.

그러면, 어떻게 기도해야 하겠습니까? 주께서 이렇게 계속하십니다. "너는 기도할 때에 네 골방에 들어가 문을 닫고 은밀한 중에 계신 네 아버지께 기도하라. 은밀한 중에 보시는 네 아버지께서 갚으시리라." "골방"이란 말은 여기서 비유적으로 사용되었습니다. "회당"과 "거리 어귀"가 노출된 장소들을 나타내듯, "골방"은 숨겨진 장소를 가리킵니다. 형제자매님들, 여러분들은 거리 어귀나 회당이나 차 안이나, 큰 길에서도 골방을 발견할 수 있을 것입니다. 왜냐구요? 골방은 여러분의 기도를 일부러 드러내지 않는 곳이면 어디든 하나님과 은밀히 교제하는 장소가 되기 때문입니다. "네 골방에 들어가 문을 닫고"는 세상을 닫고, 여러분들 자신을 닫는 것을 의미합니다. 다시 말씀드리면, 밖의 모든 소리들을 무시하고 조용히, 오직 혼자되어 (순수하게) 우리 하나님께 기도한다는 뜻입니다.

"은밀한 중에 계신 네 아버지께 기도하라 은밀한 중에 보시는 네 아버지께서 갚으시리라." 이 말씀은 얼마나 위로가 됩니까! 은밀한 중에 계시는 아버지께 드리는 기도는 믿음이 요구됩니다. 여러분은 노천이나 옥외에서는 아무것도 느낄 수 없지만, 은밀한 중에 계신 여러분의 아버지께 기도하고 있음을 믿는 것입니다. 하나님은 은밀한 중에, 사람의 눈에 뜨이지 않는 곳에 **계십니다.** 하나님은 거기에도 계시는 것입니다. 하나님은 당신의 기도를 멸시하시지 않습니다. 하나님은 거기서도 보시고 있습니다. 이 모든 것은 하나님이 얼마나 당신의 기도를 주목하시는가를 가리켜줍니다. 하나님은 보실 뿐만 아니라 당신을 보상해 주시려고 하시는 것입니다. 이것을 믿으십니까?

주께서 "갚으시리라"고 말씀하시면, 그가 **갚아**주실 것입니다. 주는 이 말씀에서 은밀한 중에 기도하는 당신의 기도가 헛되지 않을 것을 보증하시고 있습니다. 당신이 실제로 기도하고 있다면, 그가 당신에게 확실히 갚아주실 **것입니다.** 오늘 갚아주심이 없어 보여도, 당신이 보상받을 날이 올 것입니다. 형제자매님들, 여러분의 은밀한 기도가 은밀한 중에 계시는 당신의 아버지의 살펴보심을 통과할 수 있습니까? 은밀한 중에 보시는 아버지께서 당신에게 갚아주실 것을 믿으십니까?

주는 우리들 자신을 과시해 보이지 말라고 가르치실 뿐만 아니라, "기도할 때 이방인과 같이 중언부언하지 말라 그들은 말을 많이 하여야 들으실 줄 생각하느니라"고 교훈하십니다. "중언부언"은 헬라어로는 입 속으로 중얼거리는, 말더듬는 사람이 말하듯 단조로운 소리를 되풀이 하는 것을 의미합니다. 기도할 때 이방인들은 같은 말을 단조롭게 되풀이 합니다. 그런 기도는 뜻은 없이 단조로운 소리를 내는데 지나지 않습니다. 그들의 기도에 귀 기울이려 가까이 서 있으면, 당신은 마치 시냇물 앞에서 바윗돌에 부딪치는 물의 계속되는 찰랑 소리를 들으며 서 있는 듯, 또는 자갈이 가득한 길옆에 서서 자갈 위로 지나가는 끝없는 수레 바퀴 소리를 듣는 듯 단조롭고 되풀이 되는 소리를 듣게 될 것입니다. 이방인들은 같은 소리를 여러 번 되풀이해서 영창 소리를 냅니다. 그들은 말을 많이 해야 응답될 것이라고 생각하는 것입니다. 그러나 그런 기도는 헛되어 효과가 없습니다. 우리는 그렇게 기도해서는 안됩니다.

　이런 까닭에 기도 모임에서 드려지는 우리의 기도의 말이 의미가 없는 것이 되지 않게 합시다. 누군가가 기도할 때, 당신이 아멘 소리를 입 밖에 내지 않으면, 그가 한 마음이 되지 않는다고 당신을 비난할지 모릅니다. 그러나 당신이 그의 기도에 아멘 소리를 내면, 그는 그 말을 되풀이해서 기도할 것입니다. 그런 기도는 마음의 취지나 뜻에 지배되지 않고, 열정을 떠받치는 정도에 따라 지배됩니다. 그의 기도는 내면의 부담을 풀어내기 위한 것이 아니라 일종의 연설을 마무리하기 위한 것에 지나지 않습니다. 이렇게 사람들의 영향을 받는 기도가 많습니다. 마음의 소원을 훨씬 뛰어넘는 언사나 표현들이 많은 것입니다. 다시 말씀드리지만, 그런 기도는 바윗돌에 부딪쳐 찰랑 소리를 내는 물소리나, 자길 길 위에 끝없이 굴러가는 수레바퀴 소리에 지나지 않습니다. 그런 기도는 소리는 내지만 의미는 없습니다. 우리는 그렇게 기도해서는 안됩니다.

"그러므로 너희는 그들을 본받지 말라 구하기 전에 너희에게 있어야 할 것을 하나님 너희 아버지께서 아시느니라." 이 구절은, 기도를 하나님께서 들으시는가, 안 들으시는가의 여부는 우리의 실제의 필요는 물론, 그의 앞의 우리들의 태도에 따라 좌우됨을 보여 줍니다. 기도는 우리가 하는 말의 많고 적음에 좌우되지 않는 것입니다. 만약 우리 기도의 목적이 우리의 필요를 위한 것이 아니라면, 우리는 아무리 많은 말을 할지라도 응답되지 않을 것입니다. 필요 없이 드리는 기도는 탐욕을 드러내 줍니다. 그런 기도는 잘못 구하는 것입니다. 하나님은 우리의 필요를 기쁘게 공급해 주실 것입니다. 그러나 하나님은 우리의 욕구를 만족시켜 주는 것을 기뻐하시지 않습니다. 하나님은 그들의 모든 필요를 아시기 때문에 그들이 기도할 필요가 없다고 말하는 것은 얼마나 어리석습니까. 기도의 목적은 하나님께 통보하는데 있지 않고 우리의 의지와, 우리의 믿음과, 우리의 기대와 우리 마음의 소원을 표시하는데 있습니다. 이런 까닭에 우리는 기도해야 합니다. 그러나 기도할 때 우리의 마음의 소원이 우리 입술의 말을 앞서야하고, 믿음이 말보다 더 강해야 합니다.

제 4일 「기도할 때 위선자나 이방인처럼 기도하지 말라」의 주와 묵상 내용:

....
....
....
....
....
....
....

제5일

그러므로 너희는 이렇게 기도하라(1)

> 나는 세상에 더 있지 아니하오나 저희는 세상에 있사옵고 나는 아버지께로 가옵나니 거룩하신 아버지여 내게 주신 아버지의 이름으로 저희를 보전하사 우리와 같이 저희도 하나가 되게 하옵소서(요 17:11).
>
> 그러므로 너희는 이렇게 기도하라 하늘에 계신 우리 아버지여 이름이 거룩히 여김을 받으시오며 나라이 임하시오며 뜻이 하늘에서 이룬 것 같이 땅에서도 이루어지이다 오늘날 우리에게 일용할 양식을 주시옵고 우리가 우리에게 죄 지은 자를 사하여 준 것 같이 우리 죄를 사하여 주시옵고 우리를 시험에 들게 하지 마시옵고 다만 악에서 구하옵소서 나라와 권세와 영광이 아버지께 영원히 있사옵나이다 아멘(마 6:9-13).

　이제는, 주께서 어떻게 기도하라고 가르치시는지 그 방법을 살펴보기로 합니다. 위의 기도는 보통 주 기도로 알려져 있습니다. 그러나 그런 관념은 잘못된 것입니다. 이것은 주님 자신의 기도가 아니기 때문입니다. 이것은 그가 우리에게 기도하라고 가르치시는 기도입니다. 이것이 누가복음 11장 1-4절에서 아주 뚜렷하게 진술되었습니다. 우리는 이 기도를 잘 배워야 합니다.

"너희는 기도할 때에 이렇게 하라." "이렇게 기도한다"는 것은 우리가 기도할 때마다 이 말씀을 되풀이 하라는 뜻이 아닙니다. 그렇습니다. 주는 조금도 이런 뜻으로 말씀하시지 않습니다. 주는 우리가 이 말들을 되풀이 하지 말라고 하시며, 우리가 어떻게 기도해야 할 것인지 가르치시고 있는 것입니다.

세계가 시작된 후, 기도가 하나님께 자주 드려졌습니다. 세대에서 세대로, 시간이 오가며 셀 수 없이 많은 사람들이 하나님께로 와서 기도했습니다. 그런데 기도를 바로 하는 사람들은 적습니다. 자기네가 갖고 싶어하는 것에 대해 생각하는 사람들은 많지만 하나님께서 원하시는 것을 생각하는 사람들은 적습니다. 이런 까닭에, 주 예수님은 여기서 보는 바와 같이 우리가 기도하도록 입을 열어 가르쳐 주십니다. 이런 종류의 기도는 엄청난 무게와 크기와 깊이가 있습니다. 우리에게 배우려는 생각이 있다면, 우리가 기도하는 법을 조금이라도 배우고 싶어 한다면, "이렇게 기도하는 법"을 배우지 않으면 안됩니다. 하나님이 사람이 되시려고 땅에 오셨고, 이 사람은 처음으로 이런 종류의 기도만이 적절하고, 요령에 맞는다고 말씀해 주십니다.

주는 우리가 "하늘에 계신 우리 아버지"에게 기도하기를 바라십니다. 이 "아버지"란 이름은 사람들이 하나님께 말씀을 드리는 새

로운 방식입니다. 전에는 사람들이 그를 "전능하신 하나님", "지존하신 하나님", "여호와 하나님"이라고 불렀습니다. 아무도 하나님을 감히 "아버지"라고 부르지 못했습니다. 여기서 처음으로 하나님이 "아버지"라 불려 졌습니다. 이것은 이 기도가 구원을 받고 영생을 얻은 사람들에 의해 드려진 것을 분명히 보여줍니다. 사람들이 구원받았기 때문에 그들이 하나님을 이렇게 "아버지"라고 부를 수 있었습니다. 그로부터 태어난 사람들만이 하나님의 자녀들입니다. 그들만이 하나님을 "아버지"로 부를 수 있습니다. 이것은 "하늘에 계신 우리 아버지"에게 드려진 기도입니다. 이런 까닭에 이것은 자녀 되는 근거에서 드려지는 것입니다. 하나님께로 와서 "하늘에 계신 우리 아버지"라고 선언하는 것은 얼마나 듣기에 좋고, 얼마나 마음을 편하게 합니까.

처음에는 우리 주 예수님만이 하나님을 "아버지"라고 부르실 수 있었습니다. 그러나 지금 주는 우리도 그를 "우리 아버지"로 부르기를 바라십니다. 이 계시야말로 참으로 엄청난 것입니다. 하나님께서 우리를 이처럼 사랑하셔서 그의 독생하신 아들을 주셨다는 사실이 아니면, 어떻게 우리가 하나님을 "우리 아버지"라고 부를 수 있겠습니까? 하나님께 감사하리로다. 그의 아들의 죽으심과 부활을 통하여, 이제 우리는 하나님의 자녀가 되었습니다. 우리는 새로운 위치를 얻었습니다. 이후 우리의 기도는 하늘에 계신 우리 아버지에게로 드려집니다. 얼마나 친밀감이 들고, 얼마나 아늑하고, 얼마나 고귀하게 되었습니까. 우리 주의 영께서 아버지로서 하나님에 대한 더 큰 깨달음을 주시고, 우리 아버지가 정다우시고 오래 참으신다는 확신감도 함께 주시기를 기도합니다. 그가 우리 기도를 들으실 뿐만 아니라 우리로 하여금 기도의 기쁨도 갖게 해주실 것입니다.

다음에 나오는 기도는 하나님의 일들과 관련된 세 영역에 관한 것입니다. (1) "이름이 거룩히 여김을 받으시오며", (2) "나라가 임하시오며", (3) "뜻이 하늘에서 이루어진 것 같이 땅에서도 이루어지이다." 이 어구 "뜻이 하늘에서도 이루어진 것 같이 땅에서도 이루어지이다"는 위의 세 가지 어구들에 모두 적용됩니다. 이것은 세 가지 모두를 위한 수식어가 됩니다. 그러므로 하나님의 "뜻"의 내용을 다루는 세 번째 진술의 일부로만 유독 사용되어서는 안됩니다. 하나님의 이름이 하늘에서는 거룩히 여김을 받습니다. 오직 땅에서만 거룩히 여김을 받지 않고 있습니다. 하늘에 하나님 나라가 있습니다. 오직 땅에만 하나님 나라가 없습니다. 하나님의 뜻이 하늘에서는 이루어집니다. 그러나 땅에서는 그의 뜻이 순종되지 않고 있습니다. 따라서, 우리는 기도할 필요가 있는 것입니다.

이른바 이 주기도의 말씀들은 우리의 생각의 범위를 훨씬 넘어섭니다. 세계가 창조된 이후 사람이 하나님께로 와서 그가 원하시는 대로 기도해본 적이 없는 것 같습니다. 이 기도의 의미는 하나님 자신이 베일 뒤에서 나오셔서 그가 소원하시는 것이 무엇인지 우리에게 말씀하셨다는 사실에 있습니다. 이것은 하나님께서 사람이 되셔서, 과녁에 적중하는 이 기도를 우리에게 말씀해 주신 첫 번째 기도입니다. 여기서 우리는 처음으로 하나님의 나라가 무엇인지를 즉각 깨닫게 됩니다. 즉 하나님 나라가 이 땅을 포함할 만큼 넓어졌다는 것입니다. 하나님께서 우리를 부르시어 그가 바라시는 것, 그가 반드시 있어야 한다고 생각하시는 것을 기도하라고 하시는 것입니다.

제5일 「그러므로 너희는 이렇게 기도하라 (1)」에서 얻은 주와 묵상 내용:

....
....
....
....
....
....
....

제6일

"그러므로 너희는 이렇게 기도하라"(2)

> 너희는 먼저 그의 나라와 그의 의를 구하라 그리하면 이 모든 것을 너희에게 더하시리라(마 6:33).
>
> 그러므로 너희는 이렇게 기도하라 하늘에 계신 우리 아버지여 이름이 거룩히 여김을 받으시오며 나라가 임하시오며 뜻이 하늘에서 이룬 것 같이 땅에서도 이루어지이다 오늘 우리에게 일용할 양식을 주시옵고 우리가 우리에게 죄 지은 자를 사하여 준 것같이 우리 죄를 사하여 주시옵고 우리를 시험에 들게 하지 마시옵고 다만 악에서 구하시옵소서 나라와 권세와 영광이 아버지께 영원히 있사옵나이다 아멘(마6:9-13).

이른 바 주기도의 이 시작 부분은 하나님을 향한 마음의 세 가지 소원과 관련됩니다.

맨 처음 소원은 "이름이 거룩히 여김을 받으시오며" 입니다. 하나님은 오늘 한 가지 기대를 갖고 계시는데, 그의 이름이 영화롭게 되도록 우리가 기도하는 것입니다. 그의 이름이 천사들에게는 크게 높임을 받습니다. 그러나 사람들에게는 그의 이름이 경솔하게 남용되고 있습니다. 그의 이름이 사람 속에서 헛되게 받아들여질 때에 하나님은 하늘로부터 천둥과 우레를 울림으로 그의 진노를 표하시지는 않습니다. 그 대신 하나님은 마치 자기가 안계시는 듯 자신을 숨기십니다. 하나님은 그의 이름이 헛되게 사용된다고 사람들에게 아무런 조치도 결코 취하시지 않습니다. 그러나 하나님은 "이름이 거룩히 여김을 받으시오며"라고 기도하는 **자기 자녀들을** 가지시게 될 것입니다. 우리가 하나님을 사랑하고, 하나님을 안다면, 우리는 그의 이름이 영화롭게 되기를 바라게 될 것입니다. 사람들이 그의 이름을 헛되이 불러대면, 우리는 아픔을 느끼게 될 것입니다. 우리의 소원은 더욱 강렬해져서 더 열심히 "이름이 거룩히 여김을 받으시오며"라고 기도하게 될 것입니다. 어떤 날, 모두가 그의 이름을 거룩히 여기며, 아무도 그의 이름을 감히 헛되이 여기지 않을 날이 오기까지 우리는 이렇게 기도하게 될 것입니다.

"이름이 거룩히 여김을 받으시오며." 하나님의 이름은 우리가 그에게 아뢰기 위해 우리의 입으로 사용하는 한낱 칭호만은 아닙니다. 이것은 우리가 주로부터 받는 위대한 계시인 것입니다. 성경에서 하나님의 이름은, 사람들이 하나님을 알게 하기 위해 사람들에게 하나님 자신을 계시하시기 위해 사용된 것입니다. 그의 이름은 그의 성품을 계시해주며, 그의 완전함을 나타내줍니다. 이것은 사람의 혼(soul)이 이해할 수 있는 것이 아니므로 주님 자신이 이것을 우리에게 나타내시게 해야 하는 것입니다(요 17장 6절 참조). 그가 이렇게 말씀하십니다. "내가 아버지의 이름을 그들에게 알게 하였고 또 알게 하리니 이는 나를 사랑하신 사랑이 그들 안에 있고 나도 그들 안에 있게 하려 함이니이다"(요 17:26). 하나님의 이름을 알기 위해서는 주님의 반복되는 계시가 필요한 것입니다.

"이름이 거룩히 여김을 받으시오며." 이것은 우리 마음의 소원일 뿐만 아니라, 이것이 아버지에 대한 우리의 예배를 예배되게 하는 것입니다. 우리는 하나님께 영광을 돌려야 합니다. 우리는 기도를 찬양으로 시작해야 합니다. 우리가 그의 자비와 은혜를 기대하기 전에 하나님을 영화롭게 합시다. 그가 그의 완전하심에 합당한 찬양을 받으시게 합시다. 그럴 때 우리는 하나님께로부터 은혜를 받게 될 것입니다. 우리의 기도의 탁월함과 궁극적 목적은 하나님이 영광을 받으시는 데 있습니다.

"이름이 거룩히 여김을 받으시오며." 하나님의 이름은 그의 영광과 연결되어 있습니다. "이스라엘 족속이 들어간 그 여러 나라에서 더럽힌 내 거룩한 이름을 내가 아꼈노라"(겔 36:21). 이스라엘 백성은 하나님의 이름을 거룩히 여기지 않았습니다. 그 대신 그들은 자기네가 가는 곳마다 그의 이름을 욕되게 했습니다. 하지만 하나님은 그의 거룩한 이름을 아끼십니다. 우리 주는 우리에게 이 거룩한 소원을 요구하십니다. 다시 말씀드리면, 주는 우리를 통해서 하나님의 이름이 영화롭게 되기를 바라십니다. 하나님의 이름이 각자의 마음에서 먼저 거룩히 여김을 받으셔야만 합니다. 그럴 때 우리의 이 소원은 깊어지게 될 것입니다. 십자가는 우리가 하나님의 이름을 높일 수 있기 전에, 우리 안에서 더 깊은 작용을 하지 않으면 안됩니다. 그렇찮으면, 이것을 거룩한 소원으로 볼 수 없게 되고, 다만 변덕스런 한낱 공상으로 보게 될 것입니다. 사실이 그렇기 때문에, 우리 삶에 어떤 처리와 정화 사역을 받아야만 하겠습니까!

두 번째 소원은 "나라가 임하시오며" 입니다. 이것은 어떤 종류의 나라입니까? 문맥으로부터 볼 때 이것은 하늘나라를 언급하고 있습니다. 우리에게 "나라가 임하시오며"라고 기도하라고 가르치실 때, 주는 하늘에 하나님의 나라가 있지만, 땅에는 하나님의 나라가 없으며, 그러므로 하나님께서 하늘나라의 경계가 이 땅에까지 확대되도록 우리가 기도해야 한다고 말씀하십니다. 성경에서 하나님의 나라는 역사적 용어로는 물론, 지리적 용어로도 말씀되었습니다. 역사는 시간의 문제(matter)이고, 지리는 공간의 문제입니다.

성경에 따르면, 하나님 나라의 지리적 요소는 그 역사적 요소를 능가합니다. "그러나 내가 하나님의 성령을 힘입어 귀신을 쫓아내는 것이면 하나님의 나라가 이미 너희에게 임하였느니라"(마 12:28)라고 예수께서 말씀하셨습니다. 이것이 역사적 문제(problem)입니까? 아닙니다. 그것은 지리적 문제입니다. 하나님의 아들이 하나님의 성령으로 귀신을 쫓아낼 때마다 하나님의 나라가 있는 것입니다. 그러므로 이 시기 동안 하나님의 나라는 역사적이

기보다는 더욱 지리적입니다.

"나라가 임하시오며!" 이것은 교회의 한 가지 **소원**일 뿐만 아니라, 교회의 한 가지 **책임**입니다. 교회는 하나님의 나라를 땅에 가져와야 합니다. 이 임무를 성취하기 위해 교회는 하늘나라의 출구가 되도록 자신(교회)을 하늘의 억제와 통제에 복종시키며 하늘의 권세가 땅 위에 통하도록 하기 위해 어떤 대가도 기꺼이 치르지 않으면 안됩니다. 교회가 하나님 나라를 가져오려면 교회는 사탄의 계책을 몰라서는 안됩니다(고후 2장 11절 참조). 교회는 마귀의 간계에 맞서 설 수 있기 위하여 (엡 6장 11절), 하나님의 전신갑주를 입어야만 합니다. 하나님의 나라가 내려오는 곳마다 마귀는 그 곳에서 쫓겨나게 될 것입니다. 하나님의 나라가 이 세상을 완전히 통치할 때, 사탄은 무저갱(bottomless pit) 속으로 던짐을 받을 것입니다(요계 20:1-3).

세 번째 소원은 **"뜻이 하늘에서 이룬 것 같이 땅에서도 이루어지이다"입니다.** 이것은 하나님의 뜻이 하늘에서는 이루어지지만 땅에서는 전적으로 이루어지고 있지 않음을 계시해 줍니다. 그는 하나님이십니다. 그의 뜻이 이루어지는 것을 누가 막을 수 있겠습니까? 하나님을 가로막는 것이 사람이겠습니까, 사탄이겠습니까? 실제로 아무도 하나님을 가로막을 수 없습니다. 그렇지만 어째서 그런 기도를 합니까? 이 질문에 대답하기 위해서는 우리는 기도의 원칙에 분명해져야 합니다.

성경 전체를 통해서 수많은 진리의 근본 원칙들을 찾아보게 되는데, 그 가운데 기도의 원칙이 있습니다. 기도가 성경에서 발견된다는 바로 그 사실은 가장 놀라운 것임을 우리는 즉시 인식해야 합니다. 우리는 성경에서 우리가 무엇이 필요한지를 하나님께서 미리 아신다는 것을 배웁니다. 그렇찮습니까? 그렇다면 도대체 우리는 어째서 기도해야 합니까? 하나님은 전지하시므로, 인간의 논리에 따르면, 사람들이 기도해야 할 필요가 실제로는 없는 것입니다! 하지만 이것이 성경에 관한 경탄할 일입니다. 사람들이 기도하기를 하나님이 얼마나 바라시는지를 성경이 말해주고 있기 때문입니다! 기도는 이것입니다. 하나님이 어떤 일을 하시기를 원하신다는 것, 하지만 그가 그것을 혼자서 하지 않으실 것이란 것입니다. 하나님은 사람들이 땅 위에서 기도하기까지 기다리십니다. 그리고 오직 그럴 때에만 하나님이 그 일을 행하실 것입니다. 하나님은 자신의 뜻과 생각을 갖고 계십니다. 그럼에도 하나님은 사람이 기도하기를 기다리십니다. 하나님께서 우리의 필요를 모르신다는 것이 아닙니다. 그가 우리가 기도한 후에야만 우리의 필요를 공급해주실 것이란 것입니다. 기도할 때까지 하나님은 움직이지 않으실 것입니다.

제 6일 「그러므로 너희는 이렇게 기도하라(2)」에 대한 주와 묵상 내용:

제7일

"그러므로 너희는 이렇게 기도하라"(3)

여호와는 나의 목자시니 내가 부족함이 없으리로다(시 23:1).

그러므로 너희는 이렇게 기도하라 하늘에 계신 우리 아버지여 이름이 거룩히 여김을 받으시오며 나라이 임하시오며 뜻이 하늘에서 이룬 것 같이 땅에서도 이루어지이다 오늘날 우리에게 일용할 양식을 주시옵고 우리가 우리에게 죄 지은 자를 사하여 준 것 같이 우리 죄를 사하여 주시옵고 우리를 시험에 들게 하지 마시옵고 다만 악에서 구하옵소서 나라와 권세와 영광이 아버지께 영원히 있사옵나이다 아멘(마6:9-13).

우리는 기도에 관한 예수님의 가르침의 두 번째 대목에서 우리들 자신을 위한 세 가지 간구를 갖게 됩니다.

우리는 먼저 "오늘 우리에게 일용할 양식을 주시옵고"를 보게 됩니다. 주께서 우리에게 하나님의 이름과, 하나님의 나라와, 하나님의 뜻을 위해 기도하라고 가르치신 다음, 이렇게 갑자기 일용할 양식 문제로 돌아서는 이유를 이해하는데 어려움을 겪는 사람들이 있습니다. 그처럼 숭고한 지점으로부터 그처럼 이승의 세속적 문제의 기도로 급강하 하는 것은 10리 상공에서 급강하는 것 같아 보이는 것입니다. 그러나 그럴만한 매우 충분한 이유가 있음을 깨달읍시다.

주님은 하나님께 참되게 속하며, 하나님의 이름과 나라와 뜻을 위해 변함없이 기도하는 사람을 주목하십니다. 그런 기도는 너무 필수적이기 때문에, 기도하는 사람은 사탄의 공격을 자기에게 변함없이 불러들이게 될 것입니다. 그렇기 때문에 기도하지 않으면 안될 한 가지 일, 곧 일용할 양식이 있는 것입니다. 음식은 사람에게 즉시 필요한 것이며, 한 가지 큰 시험이 되고 있습니다! 한 사람의 매일의 양식이 문제가 될 때, 이것은 지극히 큰 시험을 가져오게 됩니다. 당신은 하나님의 이름이 거룩히 여김을 받도록 소원하고, 그의 나라가 임하고, 그의 뜻이 땅 위에 행하여지도록 기도하는 한편, 또 한편으로는 한 사람으로서 땅 위에 살며 일용할 양식이 필요한 것입니다. 사탄은 당신의 이 필수품에 대해서 알고 있습니다. 이런 까닭에 이같이 당신을 보호해 주는 기도가 필요한 것입니다. 이것은 기독교인의 자기 자신을 위한 기도, 곧 주께서 보호해주시기를 요청하는 기도입니다. 그렇찮으면, 그가 그런 초월적(하늘의) 기도를 기도할 적에 적의 공격을 받게 될 것이기 때문입니다. 사탄은 이 영역에서 우리를 공격할 수 있습니다. 우리가 일용할 양식이 필요하고 이 점에서 공격을 받는다면, 우리의 기도도 영향을 받게 될 것입니다. 이 기도가 반드시 필요함을 우리로 하여금 볼 수 있게 하옵소서. 우리가 인간으로서 아직 땅 위에 있는 동안, 우리의 몸은 일용할 양식이 필요합니다. 따라서, 하나님께서 우리에게 일용할 양식을 주시도록 기도하지 않으면 안되는 것입니다.

이 기도는 또한 우리가 날마다 하나님을 바라보고 날마다 그에게 기도할 필요가 얼마나 큰가를 보여줍니다. 그러므로 주는 여기서 우리에게 말씀하시며 가르치십니다. "**오늘** 우리에게 일용할 양식을 주시옵고". 이것은 일주마다 하는 기도가 아니라 날마다 하는 기도입니다. 우리는 땅 위에 기댈 것이 하나도 없으며, 예금한 돈도 없는 것입니다. 우리는 **오늘** 우리의 일용할 양식을 구해야 합니다. 일주나 한 달의 공급을 위해서가 아닙니다. 우리가 얼마나 하나님을 의지해야만 하겠습니까! 여기서 우리는 주가 우리의 일용할 양식에 무관심하시지 않고, 또 그가 우리 보고 구하지 말라고 하시지 않고, 날마다 구하기를 그가 바라신다는 것을 보게 되는 것입니다.

실제적인 문제로서, 우리 아버지는 우리에게 필요한 것들을 벌써 아시고 있습니다. 하지만 주는 여기서 우리가 날마다 우리의 일용할 양식을 위해 하나님께 기도할 것을 바라십니다. 주는 우리가 아버지를 날마다 바라보는 법을 배우고, 이와 같이 날마다 우리 믿음을 발휘하기를 바라시기 때문입니다. 우리는 너무나 먼 앞날을 위해 얼마나 자주 염려합니까. 그래서 멀리 있는 필요를 위해 기도합니다. 그렇게 해서는 안됩니다. 우리가 하나님의 이름과 나라와 하나님의 뜻을 위한 강한 소원을 갖고 있다면, 우리의 괴로움이 자동적으로 크게 불어날 것을 깨달읍시다. 그러나 하나님께서 **오늘** 우리의 일용할 양식을 주시므로, 내일이 오면 내일의 양식을 우리는 기도할 수 있습니다. "그러므로 내일 일을 위하여 염려하지 말라 내일 일은 내일 염려할 것이요 한 날의 괴로움은 그 날로 족하니라"(마 6: 34)입니다.

두 번째 간구는 **"우리가 우리에게 죄 지은 자를 사하여 준 것 같이 우리 죄를 사하여 주시옵고"입니다.** 우리는 한 편으로는 신체적 필요에 대한 간구와, 또 한 편으로는 죄과 없는 양심을 위해 간구합니다. 우리는 날마다 많은 영역에서 하나님께 죄를 범함을 피할 수 없습니다. 이것이 모두 다 죄는 아닐 수 있어도, 그럼에도 이것들은 죄과(offense)가 될 수 있습니다. 반드시 해야 할 것인데도 행하지 않은 것은 죄과입니다. 말해야 하는데도 말하지 않은 것도 죄과입니다. 이런 까닭에 하나님 앞에 죄과 없는 양심을 유지하기가 그렇게 쉽지 않습니다. 매일 밤 물러가기 전에 우리는 하나님께 죄가 된 많은 것들이 그 날에 생긴 것을 발견합니다. 이것들이 반드시 죄는 아닐 수 있지만, 그럼에도 그것들이 죄과가 됩니다. 우리가 하나님께 우리의 죄를 용서해 주시고, 그것을 더 이상 기억하시지 말도록 기도함에 따라 우리는 죄과 없는 양심을 가질 수 있게 됩니다. 이것은 지극히 중요한 문제가 됩니다. 죄와 죄과를 용서 받으면, 우리는 이제 하나님 앞에 담대함을 갖고 살만큼 깨끗한 양심을 갖게 되는 것입니다.

우리가 우리에게 죄 지은 자를 사하여 준 것같이 우리 죄를 사해 주시도록 기도합시다. 만약 어떤 사람이 그의 형제와 자매들에 대한 교섭을 어렵게 만들고, 자기에 대한 그들의 죄과를 잊지 못한다면, 그는 하나님께서 그의 죄를 용서해 주시도록 기도할 자격이 없습니다. 마음이 너무 좁아 사람들이 그를 해치고 화나게 한 것을 항상 주목하는 사람은 하나님 앞에서 그런 기도를 드릴 수 없습니다. 우리는 담대하게 하나님께로 와서 "우리가 우리에게 죄 지은 자를 사하여 준 것같이 우리 죄를 사하여 주시옵고"라고 기도할 수 있기 전에, 용서하는 마음을 갖지 않으면 안됩니다. 우리가 남의 죄를 용서하지 않는다면, 하나님께서 우리 죄를 용서해주시도록 기도할 수 없습니다. 우리가 우리에게 죄 지은 사람을 용서하지 않는다면 어떻게 입을 열어 하나님의 용서를 구할 수 있겠습니까?

여기서 우리는 이 한 가지를 주목할 수 있었으면 합니다. 성경은, 아버지와 우리의 관계에 대해 말씀하고 있는 것 외에도, 형제와 자매들과의 우리의 관계에 대해서도 보여준다는 것입니다. 어떤 형제나 자매가 다른 형제자매들과의 관계를 무시하곤 하는데, 그나 그녀가 자기네 하나님과의 관계를 기억하고 있다고 해서, 그나 그녀가 하나님과의 관계가 바르다고 생각한다면, 자신들을 속이는 것이 됩니다. 오늘 우리가 어떤 형제나 자매와 불화를 갖게 됐다면, 우리는 즉시 하나님의 축복을 잃게 되는 것입니다. 이렇게 우리는 죄까지는 아니더라도 우리가 형제자매들에게 마땅히 해야 할 일을 하지 못했거나, 말하지 못했다면 우리는 한 가지 죄과를 걸머지게 됩니다. 죄가 없는 한 모든 것이 훌륭하다는 환상(상상)을 갖지 말아야 합니다. 우리는 어떤 죄과도 가져서는 안됩니다. 만약 우리가 우리 형제자매들에 대해 가지는 어떤 불평불만도 용서하지 않거나 잊을 수 없다면, 이것이 우리가 하나님의 용서를 받지 못하게 가로막을 것입니다. 우리가 형제자매들을 대우하는대로, 하나님도 우리를 대우하실 것입니다. 우리가 우리에게 죄과를 범한 자들을 기억하며, 동시에 그동안 내내 계산하고, 불평하기를 계속하면서 하나님께서 우리의 죄과를 용서해 주셨다고 생각한다면, 이것은 심각한 자기기만입니다. 주는 우리가 이렇게 기도하라고 가르치시기 때문입니다. "우리가 우리에게 죄 지은 자를 사하여 준 것같이 우리 죄를 사하여 주시옵고".

"사하여 준 것같이"란 낱말들을 주목해 보십시오. "사하여 줌"이 없이 "같이"가 어떻게 있을 수 있습니까? 만약 당신에게 허물진 자들을 용서하지 않는다면, 당신의 허물이 여전히 하나님께 기억될 것입니다. 당신에게 허물진 자들을 당신의 마음으로 용서**하고**, 마치 아무 것도 남은 것이 없듯 이 허물들을 완전히 끝냈을 경우 당신은 담대하게 하나님께 와서 "내 죄를 사하여 준 것 같이 내 죄과를 사하여 주시옵고"라고 말씀드릴 수 있습니다. 그 결과 하나님께서는 당신의 죄과를 사하여 주시지 않을 수 없게 될 것입니다. 그로 인한 부족함이 하나님 앞에서 우리 자신의 용서에 영향을 주지 않도록 "우리 죄를 사하여 주시옵고"를 기쁘게 성취하도록 합시다.

그리고 세 번째 간구는 어떻습니까? "우리를 시험에 들게 하지 마시옵고 다만 악에서 구하옵소서." 첫째 간구는 우리의 신체적 필요와, 둘째 간구는 형제자매들과의 우리의 관계와 관계를 그리고, 이 마지막 간구는 사탄과의 관계에 대해 말씀하십니다. "우리를 시험에 들게 하지 마시옵고"는 "악에서 구하옵소서"가 긍정문인 반면, 부정문입니다. 우리가 땅 위에서 그의 이름과, 그의 나라와, 그의 뜻을 위해 강한 마음의 소원을 갖고 하나님을 위해 살 때에, 우리는 한 편으로는 하나님께서 일용할 양식을 공급해 주시도록 하나님을 바라보아야만 할 신체적 필요를 갖게 될 것이고, 또 한 편으로는 양심이 하나님 앞에 깨끗하고 흠없이 될 필요를 경험하게 될 것이며, 이것을 위해 하나님께서 우리의 죄를 용서해 주시도록 구하지 않으면 안됩니다. 그러나 우리가 직면하는 또 한 가지 필요가 있는데, 평안을 가져야 할 필요이며, 이것을 위해서 하나님께서 사탄의 손에서 우리를 구해주시도록 기도하게 되는 것입니다.

형제자매님들, 우리가 하늘나라의 길로 행하면 행할수록 시험은 더 강하게 될 것입니다. 이런 상황을 어떻게 대처해야 하겠습니까? 하나님께 "우리를 시험에 들게 하지 마시옵고"라고 기도해야 합니다. 어떤 시험이든 대담하게 맞서려는 듯 그렇게 자신만만하지 마십시오. 주는 우리에게 이렇게 기도하도록 가르쳐 주셨으므로, 우리는 하나님께서 우리를 시험에 들게 하시지 않도록 구해야 합니다. 우리는 시험이 언제 올지 모르지만, 하나님께서 우리가 시험에 들게 하시지 않도록 우리는 미리 기도할 수 있습니다.

이런 기도는 보호를 위한 것입니다. 시험이 우리에게 오도록 날마다 기다리지 말고, 우리는 주께서 우리를 시험에 들게 하지 않도록 날마다 기도해야 합니다. 오직 주께서 허용하시는 것만 우리에게 올 수 있습니다. 그러나 우리는 그가 허용하시지 않는 것이 우리에게 오지 않도록 기도하는 것입니다. 그렇찮으면 새벽부터 저녁까지 시험에 대항하는 싸움에 말려들어 다른 아무것도 할 수 없게 될 것입니다. 우리는 주께서 우리를 시험에 들게 하지 않도록 구하지 않으면 안됩니다. 그렇게 함으로서 우리가 만나지 않아야 할 사람들을 만나지 않게 될 것이며, 일어나지 말아야 할 일들에 마주치지 않게 될 것입니다. 이것은 일종의 보호적인 기도입니다. 우리는 하나님이 우리에게 일용할 양식을 주시고, 깨끗한 양심의 문제를 해결해 주시고, 우리를 시험에 들게 하지 않도록 구하는, 보호를 위한 기도를 하나님께 드려야하는 것입니다.

"우리를 시험에 들게 하지 마시옵고"라고 기도할 뿐만 아니라, 우리는 "다만 악에서 구하옵소서"라고 기도해야 합니다. 이 뒤의 기도는 긍정적 간구입니다. 사탄의 손이 어디에 있든, 그것이 우리의 일용할 양식이든, 우리의 양심을 그가 고발하는 것이든, 그가 우리를 시험에 들게 할 어떤 시험에 관계하든, 우리는 주께서 우리를 악한 자로부터 구해주시도록 간구합니다. 다시 말씀드리면, 우리는 어떤 일에서든 악한 자의 손에 빠질 것을 예상하지 않습니다. 마태복음 8장과 9장을 읽음으로서, 사탄의 손이 우리가 생각하는 것보다 더 많은 일들에 관계하고 있음을 깨닫게 됩니다. 사람의 몸과 관련해서는, 마귀의 손이 고열의 형식으로, 또는 바다와 관련해서는 갑작스런 폭풍의 형식으로 올 수도 있습니다. 그의 손이 사람의 경우에서는 귀신 들림을 통해서, 돼지 떼의 경우에서는 돼지가 물에 빠져 죽음을 통해 나타날 수도 있습니다. 그것은 또 까닭 없이 사람들 마음속에 주님을 배척하거나, 반대하는 데서 나타날 수도 있습니다. 어떤 사건에서든 사탄은 사람들을 해치고, 고통스럽게 하기 위해 나타납니다. 그러므로 우리는 주께서 우리를 악한 자로부터 구해주시도록 기도해야 합니다.

제 7일 「그러므로 너희는 이렇게 기도하라」에 대한 주와 묵상 내용:

....
....
....
....
....
....
....
....

제8일

"그러므로 너희는 이렇게 하라"(4)

내 영혼아 여호와를 송축하라 내 속에 있는 것들아 다 그 성호를 송축하라(시 103:1).

그러므로 너희는 이렇게 기도하라 하늘에 계신 우리 아버지여 이름이 거룩히 여김을 받으시오며 나라이 임하시오며 뜻이 하늘에서 이룬 것 같이 땅에서도 이루어지이다 오늘날 우리에게 일용할 양식을 주시옵고 우리가 우리에게 죄지은 자를 사하여 준 것같이 우리 죄를 사하여 주시옵고 우리를 시험에 들게 하지 마시옵고 다만 악에서 구하옵소서 나라와 권세와 영광이 아버지께 영원히 있사옵나이다 아멘(마 6:9-13).

끝으로, 주는 세 가지 일들에 대해서 하나님께 찬양을 드리도록 가르치십니다. **"나라와 권세와 영광이 아버지께 영원히 있사옵나이다 아멘."** 이런 찬양은, 그 나라는 아버지의 것이며, 권세는 아버지의 것이며, 영광은 아버지의 것임을 선포합니다. 찬양 받아야 할 이 세 가지는 악한 자로부터의 구원과 관계가 있습니다. 더구나 이 세 가지는 우리 주께서 가르쳐 주신 이 기도 전체와 관계가 있습니다. 악한 자로부터 구출 받도록 기도하는 이유는, 그 나라가 아버지의 것이지, 사탄의 것이 아니기 때문이며, 권세는 아버지의 것이지, 사탄의 것이 아니기 때문이며, 영광은 아버지의 것이지 사탄의 것이 아니기 때문입니다. 바로 이 점이 강조되고 있습니다. 그 나라는 아버지의 것이기 때문에, 우리는 사탄의 손 안에 빠져서는 안되며, 권세는 아버지의 것이기 때문에, 사탄의 손에 빠져서는 안된다는 것입니다. 이것은 매우 강한 이유가 됩니다. 우리가 사탄의 손 안에 빠진다면, 어떻게 아버지께서 영광을 받으시겠습니까? 그러나 통치하시는 이가 아버지시라면, 사탄은 우리 위에 군림하지 못합니다. 하늘나라는 아버지의 것이므로, 우리는 사탄의 손에 빠질 수도 없고, 빠져서는 안되는 것입니다.

권능에 대해서는 주께서 우리에게 주신 말씀들을 기억해야 합니다. "볼지어다, 내가 너희에게 뱀과 전갈을 밟으며 원수의 모든 능력을 제어할 권능을 주었으니 너희를 해칠 자가 없으리라"(눅 10:19). 예수께서 우리에게 주셨다고 말씀하시는 권세는 원수의 모든 힘을 제압합니다. 그 권세에는 능력이 있기 때문입니다. 주는 그 나라는 권세와, 그 권세 배후에는 모든 것을 제압하는 권능이 있음을 우리가 알기를 바라십니다. 그 나라는 하나님의 것이지, 사탄의 것이 아닙니다. 따라서 권세는 하나님의 것이지 사탄의 것이 아닙니다. 권능 역시 하나님의 것이지, 사탄의 것이 아닙니다. 영광에 대해서는 이것 역시 하나님께 속하는 것이며, 사탄에게 속하는 것이 아닙니다. 그 나라와 권세와 영광은 모두 하나님의 것이므로 하나님께 속해 있는 사람들은 시험에서, 사탄의 손에서 구함 받을 것을 예상할 수 있습니다. 신약 성경에서 주의 이름은 대체로 권세를 나타내는 반면, 성령은 권능을 의미합니다. 모든 권세가 주의 이름에 있으며, 모든 권능은 성령에 있습니다. 그 나라는 하늘나라의 통치에 대해 말씀하고 있으며, 이런 까닭에 하나님의 나라는 하나님의 권세의 나라입니다. 성령은 권능이며, 하나님은 이 권능으로 행하시게 됩니다. 그 나라는 하나님의 것이므로, 사탄이 통치할 곳은 아무데도 없으며, 성령은 권능이시므로, 대적 마귀는 그와 맞설 수단을 갖고 있지 못한 것입니다. 마태복음 12장 28절에서 마귀가 성령을 만나자마자 즉각 내어 쫓겼다고 말씀하시고 있습니다. 끝으로, 영광 역시 하나님의 것입니다. 이런 까닭에 우리는 "나라와 권세와 영광이 아버지께 영원히 있사옵나이다 아멘"하고 큰 소리로 선언하고, 크게 찬양드릴 수 있는 것입니다.

　주는 이렇게 기도하라고 가르치십니다. 이것은 주기도를 하나의 절차나 의례적 행위로서 암송하라는 것이 아니라, 이 기도에 계시된 원칙에 따라 기도하라는 뜻입니다. 이것은 다른 모든 기도를 위한 기초가 되어야 합니다. 우리는 하나님을 위하여, 그의 이름이 거룩히 여김을 받으시며, 그의 나라가 임하시며, 그의 뜻이 하늘에서 이룬 것 같이 땅에서도 이루어지기를 간절히 소원합니다. 이와 같이 그 나라와 권세와 영광이 하나님의 것이란 사실 때문에, 우리는 하나님께 모든 찬양을 드리는 것입니다. 나라와 권세와 영광은 모두 그의 것이므로 하나님의 이름이 거룩히 여김을 받으셔야 하고, 그 나라가 임해야 하고, 그의 뜻이 하늘에서 이룬 것 같이 땅에서도 이루어져야 합니다. 그 나라와 권세와 영광은 그의 것이므로 우리는 우리의 일용할 양식을 위해서, 우리의 죄를 사하여 주실 것을 위해서, 시험과 악한 자로부터 구출해 주시도록 기도해야 합니다. 우리의 모든 기도는 이 기도의 모형을 따라야 합니다.

이 기도가 우리 기독교인들에게 주신 것이 아니라고 넌지시, 빗대어 말하는 사람들이 있습니다. 이 기도가 "주의 이름으로" 끝나고 있지 않기 때문이라고 합니다. 그 같은 암시는 완전히 어리석은 것입니다(불합리). 주님이 여기서 우리에게 가르치시는 기도는 규칙을 가르치는 기도가 아닙니다. 더우기, 신약성경에 "주의 이름으로"로 끝나는 기도가 있는가 생각해 봅시다. 이를테면, 제자들이 배에서 주께 부르짖기를 "주여, 구원하소서, 우리가 죽겠나이다"라고 했을 때, (마8:25), "주의 이름으로"란 말이 포함되었습니까? 주는 꼭 맞는 정확한 말로 기도하라고 말씀하시고 있지 않음이 분명합니다. 오히려 주는 그가 여기서 주시는 원칙에 따라 우리가 기도하기를 바라십니다. 주는 이 낱말들을 되풀이 하라고 말씀하시지 않고, 우리가 기도해야 할 여러 요소들을 열거하시고(상술하심) 있는 것입니다.

제 8일 「그러므로 너희는 이렇게 기도하라(4)」에 대한 주와 묵상 내용:

....
....
....
....
....
....
....
....
....
....

제 2 부

너희는 기도할 때

제9일

기도는 의

하나님의 나라는 먹는 것과 마시는 것이 아니요 오직 성령 안에서 의와 평강과 희락이라(롬 14:17).

마태복음 6장 1-18절에 세 가지가 언급되었습니다. 첫째로 구제(자선), 둘째로 기도, 셋째로 금식입니다. 1절에서는 "사람에게 보이려고 그들 앞에서 너희 의를 행하지 않도록 주의하라"고 경고하시고 있습니다. 이것은 일반적 주제입니다. 2-4절은 구제를 다루고 있고, 5-15절은 기도를 다루고 있고, 16-18절은 금식을 다루고 있습니다. 이 셋은 의의 형식들입니다. 구제하는 것은 눈에 뜨이고, 다른 사람들과 관련이 됩니다. 기도는 하나님과 관련되고, 금식은 자기 자신과 관계 있습니다. 사람들을 향하든, 하나님이나 자기를 향하든 관계없이, 이것 중 아무 것도 사람들에게 보이기 위한 목적에서 행하여지면 안됩니다. 구제, 기도, 금식은 보상을 받을 것입니다. 하지만 만약 이것들이 사람들에게 보이면, 앞날의 보상은 취소되는 것입니다! 기독교인들은 의를 올바로 은밀히 행하는 습관을 계발해야 합니다. 의를 실천할 적에 두 가지 극단적 시험을 피해야 합니다. 하나는 사람들 앞에서 이 모든 일들을 행하고, 사람들에게 영향을 받는 유혹입니다. 다른 하나는 사람들을 조금도 생각하지 않고, 자기 자신의 생각에 따라 모든 것을 행하려고 하는 것입니다. 이 두 가지 극단은 모두 받아들여질 수 없습니다.

은밀히 실천되어야 할 두 번째 의는 기도입니다. 기도는 우리 자신의 부적격을 인정하는 동시에 하나님의 영광을 나타내기 위함입니다. 우리가 하나님을 찾고 찾는 것도 이 때문입니다. 하지만 사람들이 자기들을 찬양하기 위해 하나님을 이용하려 하는 것은 얼마나 애석한 일입니까? 그들은 사람들의 귀에 들려지도록 기도합니다. 위선자들은 회당과 길거리에서 사람들에게 보이려는 의도에서 기도합니다. 하지만 그렇게 함에서 그들은 그의 보상을 이미 받았습니다. 그들은 그것을 사람으로부터 받았습니다. 주는 여기서 기도의 응답에 대해 말씀하시고 있지 않고, 기도의 보상에 대해 말씀하시고 있습니다. 기도는 다음에 진술된 금식의 보상과 같은 범주(카테고리)에 들어 있는 것입니다. 이런 까닭에 기도의 보상은 기도 응답을 가리키고 있지 않습니다. 이것은 행위에 따른 보상입니다. 그러므로 기도는 오늘 응답을 받고 있을 뿐만 아니라, 앞으로 그리스도의 심판석에서도 보상 받을 것입니다. 기도는 보상을 받아야 할 하나의 의로서 심판석에서 기억하신바 될 것입니다. 그러므로 지금 사람들에게 들려지도록 기도하는 사람은 누구든 심판석에서는 보상받을 가능성이 없을 것입니다.

　기도는 일종의 의입니다. 형제자매들이 이런 의에 부족함이 없기를 소망합니다. 기도하지 않는 사람들은 오늘 응답을 받지 못할 것이며, 앞날의 보상도 받지 못할 것입니다. 사실상, 기도는 하나님과 우리의 친밀한 교제입니다. 만약 누군가가 기도를 사람들에게 보여지기 위한 수단으로 이용한다면 그는 매우 천박한 사람이라 하겠습니다. 반면에 기도는 우리의 가장 큰 신비이며, 해결의 열쇠인 것입니다. 주는 우리가 기도할 때, 골방(회당, 길모퉁이, 내면의 골방은 이 문구에서 모두 상징으로 사용되고 있습니다)에 들어가야 할 것을 보여주십니다. 골방은 아무도 그의 기도를 일부러 자랑해 보일 수 없는 은밀한 장소를 말합니다. "네 문을 닫고"는 세상의 모든 것을 닫고, 현관 벨 소리에조차 응할 수 없게 차단하는 것입니다. 기도는 기도하는 사람을 하나님과만 혼자 두게 합니다. 기도는 한 가지 의이며, 동시에 하나님께서 우리에게 보상하시게 하는 이유가 됩니다. 이것은 하나님을 크게 기쁘시게 하는 것이 틀림없습니다. 그러므로 기도의 목적은 응답을 받는 것 이상이며, 기도는 미래의 보상까지도 포함합니다. "은밀한 중에 계신 네 아버지께 기도하라 은밀한 중에 보시는 네 아버지께서 갚으시리라." 우리 아버지께서 우리의 모든 행동을 지켜보십니다.

구제는 은밀히 행해야 합니다. 그러나 기도는 은밀히 하는 것일 뿐만 아니라 우리가 말에 조심하지 않으면 안 될 그 무엇입니다. 이처럼 기도는 구제하는 일보다 더 큰 의의 형식입니다. 주는 기도하는 법을 우리에게 계속 가르치셔야 했습니다. 기도는 은밀히 행해야 할 뿐만 아니라 이방인들이 목청을 울리듯 헛되이 되풀이 하는 일을 금해야 합니다. 기도는 단순해야 합니다. 헬라어로 "중언부언"은 돌들 사이로 흐르는 물소리란 뜻을 나타냅니다. 그것은 언제든 내내 같은 소리를 냅니다. 그 소리는 단조롭고 반복적입니다. 그리고 역시 "말을 많이 하여야"는 헬라어로 자갈길을 굴러가는 수레 소리를 가리키는 말입니다. 이처럼 주는 기도 소리를 서술하시기 위해 이 두 가지 표현을 사용하십니다. 이런 기도는 돌들에 찰싹찰싹 부딪치는 시냇물 소리와, 자길 길 위로 구르는 수레 같습니다. 그런 소리는 의미가 없습니다. 이런 까닭에 기도할 때, 사람들에게 보이지도 말고, 많은 의미 없는 말의 형식으로 드리지도 않게 합시다.

공(중)기도할 때 우리는 사람들에게 어느 정도는 영향을 받습니다. 우리는 하나님께 기도할 뿐만 아니라 사람들이 들도록 기도하게 됩니다. 그러므로 우리 마음이 하나님께 전적으로 집중할 수가 없게 됩니다. 어떤 사람들은 형제들이 내는 아멘 소리 때문에 기도를 끝낼 수가 없을 정도일지 모릅니다. 이처럼 그들의 기도는 그들의 마음의 소원의 깊이로 가늠되지 않고, 형제들이 내는 아멘의 숫자로 가늠되는 것입니다. 이것은 기도의 효과를 무효화시킵니다.

기도는 마음의 소원에 따라 가늠되어야 하는 것입니다. 기도는 마음의 소원을 결코 초과해서는 안됩니다. 모임에서 기도를 단념하지도 말고, 이 때문에 모임에서만 기도하지도 맙시다. 공(중)기도를 할 뿐만 아니라 개인적으로도 기도합시다. 당신의 은밀한 기도의 말들이 단순하다면, 열린 기도에서도 그 말들이 훨씬 다르게 되지 않게 합시다. 말을 많이 할 필요가 없습니다. "구하기 전에 너희에게 있어야 할 것을 하나님 너희 아버지께서 아시느니라"입니다. 기도의 응답은 당신의 말들에 따라서가 아니라, 당신의 마음의 소원과 기도의 태도에 따라서 이루어질 것입니다. 하나님을 강요하려고 하지 마십시오. 그가 벌써 당신이 필요한 것을 아십니다. 그렇다면 왜 기도하겠습니까? 그것은 내가 기꺼이 그를 믿고 의지하려는 나의 태도를 표시하기 위한 것입니다.

제 9일 「기도는 의」에 대한 주와 묵상 내용:

....

....

....

....

....

....

....
....
....
....
....

제10일

주 예수의 이름으로 기도하라

내 이름으로 무엇이든지 내게 구하면 내가 시행하리라(요 14:14).

주 예수란 이름은 매우 특별합니다. 그것은 그리스도께서 땅 위에 계시는 동안에는 갖지 못하셨던 이름입니다. 땅 위에 계셨을 때의 이름은 예수였습니다. 마태복음 1장에서 이것을 말씀해주고 있습니다. 그러나 빌립보서 2장에서 주께서 자기를 죽기까지, 십자가 위의 죽음에까지 낮추셨으므로, 하나님께서 그를 높이 드시어 그에게 모든 이름 위에 뛰어난 이름을 주셨다고 진술되었습니다. 이름이란 무엇입니까? 빌립보서 2장 10-11절을 읽어봅시다. "하늘에 있는 자들과 땅에 있는 자들과 땅 아래에 있는 자들로 모든 무릎을 예수의 이름에 꿇게 하시고 모든 입으로 예수 그리스도를 주라 시인하여 하나님 아버지께 영광을 돌리게 하셨느니라." 주가 땅 위에서는 예수라 불리시지 않았습니까? 하지만 이것은 그가 하늘에 올라가신 후에 그에게 주신 이름입니다. 죽기까지 하나님께 순종하셨기 때문에-그리고 십자가의 죽음-주는 높이 들리시어 모든 이름 위에 뛰어난 이름을 받으신 것입니다. 모든 이름 위에 뛰어난 이름은 주 예수라는 이름입니다.

계시를 받고나서 주 예수의 이름이 이같이 큰 변화를 받았다고 말씀하는 것은 바울만이 아닙니다. 주 예수님 자신마저도 그의 이름이 철저한 변화를 받은 것을 우리에게 보여주십니다. "지금까지는 너희가 내 이름으로 아무 것도 구하지 아니하였으나 구하라 그리하면 받으리니 너희 기쁨이 충만하리라…그 날에 너희가 내 이름으로 구할 것이요"(요 16:24,26상반 절). 예수님께서 오늘이라고 하시지 않고 "그 날에"라고 말씀하십니다. 그날까지 기다리고 있다가 그 때에 가서 너희는 내 이름으로 구하라고 하십니다. 그가 이 말씀을 말씀하신 날에 그는 아직 모든 이름들 위에 뛰어난 이름을 갖지 못하셨습니다. 하지만 "그 날에" 모든 이름들 위에 뛰어난 이름을 받으십니다. 그리고 "그 날에" 우리는 아버지께로 가서 그의 이름으로 구할 수가 있습니다.

하나님, 우리의 눈을 열어주셔서 주님 승천 후 주 예수의 이름이 큰 변화를 받으시고 우리의 생각이 이해할 수 없는 변화를 받으신 사실을 보게 하옵소서. 이 이름은 하나님께서 주신 이름입니다. 이 이름은 모든 이름 위에 뛰어난 이름입니다.

그 이름이 무엇을 나타냅니까? 권세와 함께 능력을 나타냅니다. 어째서 그 이름이 권세와 능력을 나타냅니까? "하늘에 있는 자들과 땅에 있는 자들과 땅 아래에 있는 자들로 모든 무릎을 예수의 이름에 꿇게 하시고 모든 입으로 예수 그리스도를 주라 시인하여 하나님 아버지께 영광을 돌리게 하셨느니라"(빌 2:10,11). 이것이 권세입니다.

그가 누구이든, 사람은 예수의 이름에 무릎을 꿇어야 합니다. 그가 누구이든, 그는 예수가 주 이심을 고백해야 합니다. 이런 이유로 예수의 이름은 하나님께서 모든 것 위에 뛰어난 권세와 능력을 그에게 주신 것을 의미하는 것입니다.

제자들과 땅 위에서 보내신 마지막 날 밤에 주 예수께서 그들에게 "너희가 내 이름으로 무엇을 구하든지 내가 행하리니 이는 아버지로 하여금 아들로 말미암아 영광을 받으시게 하려 함이니라"(요 14:13)라고 말씀하셨습니다. 그가 그들에게 엄청난 가치를 지닌 것을 맡기셨습니다. 그가 그들에게 그의 이름을 주셨습니다. 그의 이름은 곧 권세입니다. 그가 우리에게 주신 것보다 더 큰 권세는 없습니다. 우리가 주 예수께서 우리에게 맡기신 이름을 반대 목적에 사용한다면 어떤 일이 생길 것인가를 상상해 보십시오. 여기서 이를테면, 큰 능력을 갖고 있는 한 사람이 있다고 합시다. 그가 명령을 내릴 때마다 그가 그 위에 도장을 찍으면 그것이 효력을 발휘합니다. 그가 그 도장을 다른 사람에게 준다고 생각해 봅시다. 그는 이

다른 사람이 그 위에 도장을 찍어 발행하는 명령이 무엇이든 그것에 대해 책임을 집니다. 그가 그의 도장을 아무에게나 경솔하게 맡길 것이라고 생각하십니까? 물론 그렇지 않습니다. 하지만 주 예수님은 그의 이름을 우리에게 맡기셨습니다. 주 예수의 이름은 모든 이름 위에 뛰어납니다. 그럼에도 주가 그의 이름을 우리에게 주심에서 그 자신이 떠맡으신 책임이 어떤 것인지 우리가 참으로 이해할 수 있겠습니까? 그리고 그의 이름으로 우리가 무엇을 하든 하나님께서 그것에 대한 책임을 지실 것입니다. 이것은 참으로 엄청난 것입니다! 주 예수의 이름으로 행해지는 것은 무엇이든 하나님이 책임을 지시게 될 것입니다!

우리는 여기에 한 이름, 교회가 사용하도록 교회의 손에 놓여진 권세와 능력이 되는 이름이 여기에 있음을 알고 있습니까? 교회는 주의 이름을 슬기롭게 사용해야 합니다. 교회가 다스린다고 우리는 가끔 말을 합니다. 하지만 그 이름을 갖지 못하면 교회가 어떻게 다스릴 수 있겠습니까? 교회는 그 나라의 열쇠들을 가지고 있으며, 그 나라를 소개할 책임을 맡고 있습니다. 하지만 이 이름이 없이 교회는 그 나라를 열 수 없습니다. 하나님의 목적은, 교회에서 생명으로 죽음을 삼키는 것에 있으며, 교회를 통하여 사탄을 묶는 것에 있습니다. 하지만 우리가 그의 이름을 갖고 그것을 사용할 방법을 알지 못한다면, 우리의 사명을 성취할 수 없을 것입니다. 우리는 주 예수께서 이 이름을 교회에 주신 사실을 마침내 주목하지 않으면 안되는 것입니다.

제 10일 「주 예수의 이름으로 기도하라」에 대한 주와 묵상 내용:

....
....
....
....
....
....
....

제11일

믿음으로 기도함

> 그러므로 내가 너희에게 말하노니 무엇이든지 기도하고 구하는 것은 받은줄로 믿으라 그리하면 너희에게 그대로 되리라(막 11:24).

　새 신자들의 기도 생활은 주로 양심과 믿음과 관련되어 있습니다. 기도가 약간 깊더라도, 새 신자들에게는 기도는 양심과 믿음의 문제일 뿐입니다. 하나님 앞에서 그들의 양심이 거리낄 것이 없으면, 그들의 믿음은 쉽게 강해질 수가 있습니다. 그리고 그들의 믿음이 충분히 강해지면, 그들의 기도가 쉽게 응답될 것입니다. 그러므로 그들에게는 믿음을 갖는 것이 반드시 필요한 것입니다.
　믿음이란 무엇입니까? 기도할 때 의심하지 않는 것입니다. 우리가 기도하도록 강권하시는 이는 하나님이십니다. 우리로 하여금 그에게 기도하게 하시는 이는 하나님이십니다. 우리가 기도하면 그가 응답하시지 않을 수 없습니다. 그가 말씀하십니다. "문을 두드리라 그리하면 너희에게 열리리라." 내가 문을 두드리는데 어떻게 하나님께서 안 열어주실 수 있습니까? 그가 말씀하십니다. "찾으라 그리하면 찾아낼 것이요." 내가 찾는데 어떻게 찾지 못할 수 있습니까? 내가 구하여도 주시지 않는다는 것은 절대 있을 수 없는 것입니다. 우리 하나님이 누구시라고 생각하십니까? 하나님의 약속이 얼마나 신실하고 믿을만한지 우리는 알아야 합니다.

우리가 주님을 몇 년 동안을 믿었더라도 어떤 때는 믿기가 아주 힘들었던 때가 있었음을 회상할 수 있습니다. 믿음은 하나님을 아는 것에 기초하고 있기 때문입니다. 하나님을 깊이 아는 것은 우리 믿음의 깊이의 척도가 되는 것입니다. 우리가 믿음을 더 갖기 위해서는 하나님을 더 알아야 합니다. 구원은 아는 것에 기초하고 있습니다. 우리는 구원을 받았고, 하나님을 알았으므로 어려움 없이 믿을 수 있는 것입니다. 우리가 하나님을 믿으면, 하나님께서 우리에게 응답해 주실 것입니다. 처음부터 우리는 믿음이 충만한 사람이 되는 법을 배웁시다. 느낌이나, 생각으로 살아가지 말고, 믿음으로 사는 법을 배웁시다. 하나님을 믿기를 배울 때에, 우리는 우리의 기도가 응답됨을 알게 될 것입니다.

믿음은 하나님의 말씀에 의해 옵니다. 하나님의 말씀은 꺼내서 사용할 수 있는 현찰과 같습니다. 하나님의 약속은 하나님의 일입니다. 약속은 하나님의 일(임무, 사역)이 무엇인지 우리에게 말해주며, 일(임무, 사역)은 하나님의 약속을 우리에게 나타내 줍니다. 우리가 하나님의 말씀을 믿고, 의심하지 않으면, 우리는 믿음에 거할 것이며, 하나님께서 말씀하시는 모든 것이 얼마나 믿을만한지 알게 될 것입니다. 우리의 기도들이 응답될 것입니다.

하지만 성취되지 않으면 안 될 한 가지 분명한 조건이 아직 있습니다. (사람은) 믿지 않으면 안되는 것입니다. 그렇잖으면 기도는 효과가 없을 것입니다. 마가복음 11장 12-24절의 사건은 기도를 믿어야 할 필연을 확실히 보여줍니다. 주는 제자들과 함께 베다니에서 나오셨습니다. 그는 길에서 시장하셨습니다. 한 무화과나무를 멀리서 보시고, 무화과를 얻으실까 해서 가까이 오셨습니다. 그러나 잎 외에는 아무것도 찾지 못하셨습니다. 그래서 그는 나무를 저주하시면서 말씀했습니다. "이제부터 영원토록 사람이 네게서 열매를 따먹지 못하리라." 다음날 아침 그들이 지나갈 적에 무화과나무가 뿌리 째 마른 것을 보았습니다. 제자들은 놀랐습니다. 주께서 대답하셨습니다. "하나님을 믿으라, 내가 진실로 너희에게 이르노니 누구든지 이 산더러 들리어 바다에 던져지라 하면 그 말하는 것이 이루어질 줄 믿고 마음에 의심하지 아니하면 그대로 되리라. 그러므로 내가 너희에게 말하노니 무엇이든지 기도하고 구하는 것은 받는 줄로(ye receive-받는 줄로) 믿으라 그리하면 너희에게 그대로 되리라(ye shall have them)."

기도할 때 믿지 않으면 안 됩니다. 그가 믿으면 받을 것이기 때문입니다. 믿음이란 무엇입니까? 믿음은 그가 기도하는 것을 받는다고 믿는 것입니다.

우리 기독교인들은 믿음에 대하여 잘못된 개념을 가질 때가 많습니다. 주는 말씀하시기를 그가 **받는 것**을 믿는 자는 받을 것이라고 말씀하십니다. 하지만 우리 기독교인들은 주장하기를 그가 '**받을 것을**' 믿는 자는 그것을 얻을 것이다 라고 합니다. 이렇게 우리는 여기서 두 가지 다른 종류의 믿음을 보게 됩니다. 주는 "받는다"는 말씀을 두 번 사용하십니다(중국어 성경). 한 번 "그가 받고", 그런 다음 그가 "받을 것이다" 입니다. 그러나 그들의 믿음을 "받을 것이다"에 얽어매는 기독교인들이 많습니다. 우리는 우리가 구하는 것을 받을 **것이다** 라고 믿으면서 주님께 기도합니다. 우리는 산이 바다에 들리어 옮겨**지리라**고 믿는 것입니다. 우리의 믿음이 커 보입니다. 하지만 우리는 "믿음을 받는다(he receives)"로부터 그가 "받을 것이다(he shall receive)"로 분리시켜 버립니다. 이것은 우리 주께서 말씀하시고 있는 종류의 믿음이 아닙니다. 성경이 말씀하는 믿음은 "받는 줄로"와 연관됩니다. 그것은 "받으리라"보다 훨씬 더 정확한 것입니다.

그러므로 믿음이란 무엇입니까? 믿음은 하나님께서 당신의 기도를 벌써 들으셨다고 당신이 주장할 수 있는 위치에 당신이 도달할 때에 있습니다. 믿음은 하나님께서 당신의 기도를 들으실 것이라고 당신이 말할 때가 아닙니다. 당신은 기도하기 위해 무릎을 꿇습니다. 그리고 어쨌든 당신은 "하나님 감사합니다. 그가 내 기도를 들으셨도다. 하나님 감사합니다. 이것이 이루어졌도다." 라고 말할 수 있는 것입니다. 이것이 믿음입니다. 믿음은 그가 "받는 것"에 집착하는 것입니다. 만약 당신이 무릎 꿇고 있던 데서 일어나 하나님께서 당신의 기도를 들어주실 것이라고, 또는 하나님이 당신의 기도를 들으셨음이 틀림없다고 당신이 믿는다고 선언하고, 당신이 아무리 이렇게 주장할지라도, 아무 일도 일어나지 않을 것입니다. 당신의 결의는 아무런 결과도 가져오지 못할 것입니다.

주는 말씀하십니다. "무엇이든지 기도하고 구하는 것은 받은 줄로 믿으라 그리하면 너희에게 그대로 되리라." 주는 이렇게 말씀하시지 않았습니다. "너희가 무엇이든지 기도하고 구하는 것은 받을 것을 믿으라 그리하면 너희에게 그대로 되리라." 형제자매님들, 요점을 파악하셨습니까? 참 믿음은 "이것이 이루어진 것"을 벌써 압니다. 하나님 감사합니다. 그가 내 기도를 들으셨도다.

제 11일 「믿음으로 기도함」에 대한 주와 묵상 내용:

....
....
....
....
....

제12일

기도와 부담

네 짐을 여호와께 맡겨버리라 너를 붙드시고 의인의 요동함을 영영히 허락지 아니하시리로다(시 55:22).

　하나님께서 기도할 생각을 우리 속에 넣어주실 때마다, 하나님의 성령은 먼저 우리를 감동시키시어 우리들 속에 그 특정의 문제를 위해 기도하려는 부담을 넣어주십니다. 그런 느낌을 받고 우리는 즉시 기도하게 됩니다. 우리는 이 문제를 위해 잘 기도하는 대가를 치루어야 합니다. 우리가 성령에 감동될 때에 우리 자신의 영은 즉각, 마치 무언가 중요한 것이 우리 마음속에 놓여지고 있는 듯 부담을 느끼는 것입니다. 기도를 끝낸 후 우리는 마치 무거운 돌이 우리로부터 옮겨진 듯, 해방감을 느낍니다. 그러나 우리가 기도로 그 부담을 쏟아내지 못하면, 우리는 무언가를 아직 끝내지 못한 감을 느낄 것입니다. 기도를 끝내지 못한다면, 우리는 하나님의 마음과 조화를 이루지 못하고 있는 것입니다. 우리가 기도에 충실하다면, 즉 그 부담이 우리에게 오는 즉시 기도한다면, 기도는 무거운 것이 되지 않을 것이며, 그 대신 그것은 가볍고 쾌적한 것이 될 것입니다.

많은 사람들이 이 점에서 성령을 소멸하는 것은 얼마나 애석한 일입니까. 그들이 기도하도록 성령께서 감동을 주시는 느낌을 그들은 소멸하는 것입니다. 이후로는 이런 감동이 그들에게는 거의 오지 않게 될 것입니다. 이리하여 그들은 주 앞에 더 이상 유용한 그릇이 되지 못하는 것입니다. 그들은 더 이상 기도로 하나님의 뜻을 뿜어낼 수 없게 되므로 주는 그들을 통하여 아무 것도 성취할 수 없는 것입니다. 오오, 기도의 부담을 갖지 못하는 정도로까지 떨어진다면, 우리는 가장 위험한 상황 속으로 가라앉은 상태에 있을 것입니다. 우리는 이미 하나님과 교통을 상실한 것입니다. 하나님은 그의 사역에서 우리를 더 이상 사용하실 수 없기 때문입니다. 이 같은 이유로, 우리는 성령께서 우리에게 주시는 느낌을 다루는데 있어 특별히 조심하지 않으면 안됩니다. 기도의 부담이 있을 때마다 우리는 즉시 이렇게 주께 물어야 합니다. "오오, 하나님 제가 무엇을 위해 기도해야 하겠습니까? 당신께서 성취하시고자 원하시고 제가 기도해야 하는 것이 무엇입니까?" 우리가 이 기도를 해낸 다음에야 하나님으로부터 다음 기도를 위임받게 될 것입니다. 만약 우리의 최초의 부담이 아직 풀어내어지지 않았다면, 우리는 두 번째 짐을 맡을 수 없는 것입니다.

주께서 우리를 충성된 기도의 동역자로 만들어 주시도록 구합시다. 부담이 오는 즉시 우리는 그것을 기도해냄으로서 그것을 풀어냅니다. 만약 부담이 너무 무거워지고, 그것을 기도로 풀어 내릴 수 없다면, 그 때는 금식하지 않으면 안됩니다. 금식을 통해, 기도의 부담은 금새 풀어낼 수 있습니다. 금식은 우리가 가장 무거운 부담을 풀어내는데 도움이 될 수 있는 것입니다.

누군가가 기도 사역의 수행을 계속한다면 그는 하나님의 뜻을 위한 통로가 될 것입니다. 언제든 주께서 무언가를 하실 때마다, 주는 그 사람을 찾아내실 것입니다. 저는 이렇게 말하고 싶습니다. 하나님의 뜻은 항상 나갈 길을 찾는다고 말입니다. 주는 어떤 사람 또는 어떤 사람들이 그의 뜻을 표현해 주도록 항상 기대하고 계시는 것입니다. 이 일을 할 사람이 많이 떠오르면, 주는 그들의 기도 때문에 많은 일들을 하실 것입니다.

기도 사역을 성취하기 위해서는 우리는 하나님 앞에 기도의 부담을 갖지 않으면 안됩니다. 우리가 한 가지 법을 세우려고 한다는 것이 아닙니다. 우리는 다만 여기서 이 원칙을 제시하기를 원하는 것입니다. 이 한 가지를 인정하도록 합시다. 부담은 기도의 비결이다 라고 말입니다. 만약 한 사람이 어떤 특정 문제를 위해 기도의 부담을 자기 안에 느끼지 못한다면 그는 기도에 거의 성공할 수 없습니다. 기도 모임에서 어떤 형제자매들은 크고 많은 기도의 주제들을 말할지 모릅니다. 그러나 만약 당신이 내면에서 감동되거나 접촉되지 않으면, 당신은 기도할 수 없습니다. 그러므로 기도 모임에 오는 모든 형제자매들은 기도하기 위해 기도의 부담을 가져야 하는 것입니다.

동시에 당신 자신이 어떤 부담을 갖고 있든 그 부담을 곰곰 생각하는 일에만 몰두하지 마십시오. 당신은 그 모임의 다른 형제자매들의 부담도 역시 느껴야 하는 것입니다. 이를테면, 한 자매가 그녀 남편 때문에 괴로워하거나, 한 형제가 병들어 아파 할 수 있습니다. 만약 기도 모임에서 한 사람이 하나님께서 그 자매의 남편을 구해 주시도록 기도하고, 그 다음에 다른 사람이 그 형제의 병을 치유해 주시도록 하나님께 기도하고 차례로 또 한 사람이 하나님 앞에서 다른 무엇을 기억하고 기도한다면 각 사람은 그 자신의 특정한 문제만을 위해 기도하는 것이 됩니다. 이런 기도는 세 번 기도하는 원칙과 일치되지 않습니다.(제 15일의 내용을 참조하십시오.) 방금 드린 실례에서는 한 가지 문제를 철저히 기도하기 전에, 두 번째 기도의 내용이 벌써 기도되고 있다는 것입니다. 그 결과, 기도 모임에 모인 형제들은 첫 번째 문제를 위한 기도의 부담이 풀리어 없어졌는지를 주목하지 않으면 안됩니다. 만약 모두가 그 자매를 위해 기도하고, 그 기도의 부담이 없어졌으면 신자들은 병든 형제를 위해 기도할 수 있는 것입니다. 첫 번째 제목의 기도의 부담이 제거되기 전에 함께 기도하는 이 사람들이 두 번째와 세 번째 제목으로 옮겨 가서는 안됩니다. 이 전체 모임이 아직 한 가지 특정 문제에 열중하고 있다고 생각해 보십시오. 그러면 거기의 아무도 그 자신의 개인적 느낌에 따라 다른 기도를 도입하려고 해서는 안되는 것입니다.

형제들은 전체 모임의 영을 접촉하는 법을 배워야 합니다. 그들은 전 집회의 느낌 속으로 들어가는 법을 배우지 않으면 안됩니다. 어떤 문제들은 다만 한 번만 기도하는 것으로 그것의 부담이 끝나고 처리될 수 있음을 깨달읍시다. 하지만 다른 문제들은 아마 두 번 기도할 필요가 있을지 모릅니다. 한편 그 외의 또 다른 문제들은 그 다양한 부담들이 없어지기까지 틀림없이 세 번 또는 다섯 번 기도해야 할 것들이 있을 것입니다. 여러 번의 숫자와 관계없이 기도의 부담은 특정 항목의 기도가 끝나기 전에 풀리어 제거되지 않으면 안됩니다. 세 번 기도의 원칙은 부담이 제거되기까지 기도한다는 것 이상은 아닌 것입니다.

제 12일 「기도와 부담」에 대한 주와 묵상 내용:

....
....
....
....
....
....

제13일

기도와 압력

내 의의 하나님이여 내가 부를 때에 응답하소서 곤란 중에 나를 너그럽게 하셨사오니 나를 긍휼히 여기사 나의 기도를 들으소서 (시 4:1 다아비 역 참조)

어떤 형제가 제게 묻기를, 그의 기도가 왜 응답이 안 되느냐고 했습니다. 제 대답은 압력이 없기 때문이었다고 했습니다. 그 때 그가 왜 압력이 필요하냐고 물었을 때, 저는 기도가 응답되기 위해서는 압력이 있어야 한다고 했습니다. 실제 문제로서, 나는 형제들에게 이런 문제를 자주 묻습니다. 하나님께서 당신의 기도를 응답해 주십니까? 제가 받는 대답은 자주 이와 같습니다. 즉 세 번 또는 다섯 번 기도한 후 그 문제가 잊혀진다는 것입니다. 그 문제가 왜 잊혀집니까? 그들이 그들에게 오는 압력을 느끼지 못하기 때문입니다. 그런 경우가 많다는 것이 이상하지 않습니까?

당신이 기도할 문제를 잊는다면, 당신이 그것을 기억하지 못한다고 하나님을 나무랄 수 있습니까? 당신이 몇 마디 기도를 그저 무심코 즉석에서 발설한다면, 하나님은 당연히도 그런 기도에 응답하시지 않을 것입니다. 마치 그들이 작문을 쓰고 있듯이 기도하는 사람들이 많습니다. 차라리 기도를 하지 않는 편이 훨씬 나을 것입니다. 많은 사람들의 기도가 기도의 제 1원칙을 깨뜨리고 있는데, 그 원칙이란 믿음이나 약속이 아니고, 필요인 것입니다. 필요가 없으면 기도도 없는 것입니다. 사람들이 그들의 기도에 응답을 받지 못하는 것이 이상할 것이 없는 것입니다.

하나님께서 한 신자의 기도에 응답하시기 위해서는 그가 먼저 그 사람에게 한 가지 필요를 주실 것인데, 하나님은 그 사람의 한 가지 필요를 느끼도록 하기 위해 그 신자에게 어떤 압력을 주십니다. 그러면 그 신자는 응답을 받기 위해 하나님께로 향하게 될 것입니다.

존 녹스는 기도에 강력한 힘이 있었습니다. 영국의 퀸 메리가 한 번은 이렇게 말했습니다. "나는 스콧트란드의 문제는 무섭지 않다. 나는 존 녹스의 기도를 두려워 할 뿐이다." 존 녹스가 어떻게 기도했습니까? 그는 "오오 하나님, 스콧트란드를 제게 주십시오. 그렇지 않으면 저는 죽습니다!"라고 했습니다. 어째서 그가 그렇게 기도했습니까? 그 안의 압력이 너무 컸기 때문입니다. 그 압력은 그의 한계를 넘어 있었습니다. 그래서 그는 하나님 앞에 기도를 쏟아 냈던 것입니다. 죤 녹스 안의 압력이 그로 하여금 그런 기도를 하게 했던 것입니다.

모세가 그 시대에 어째서 다음과 같이 기도했는지 그 이유를 당신은 모를 것입니다. "그러나 이제 그들의 죄를 사하시옵소서 그렇지 아니하시오면 원하건대 주께서 기록하신 책에서 내 이름을 지워버려 주옵소서"(출 32"32). 모세는 한 가지 필요를 의식했었기 때문입니다. 그는 이 같은 필요로 너무 압력을 받았으므로 만약 하나님께서 이스라엘 자녀들을 구하시지 않는다면 그는 차라리 죽고 싶었던 것입니다. 그래서 하나님은 그의 기도를 들으셨습니다.

바울의 마음도 같았습니다. "나의 형제 곧 골육의 친척을 위하여 내 자신이 저주를 받아 그리스도에게서 끊어질지라도 원하는 바로라"(롬 9:3). 이스라엘 자손들이 구원받지 못한다면 그도 차라리 구원 받지 못하기를 바란다는 것이었습니다. 그런 말은 입에 발린 말이 아니며, 단순히 감정상의 분출도 아니었습니다. 그것은 필요의 압력에 기인한 깊은 느낌으로부터 오는 것입니다. 누군가가 다른 사람의 기도의 말들을 모방할 수는 있을 것입니다. 그러나 그런 사람의 기도는 효과가 없고, 쓸데없을 것입니다. 압력이 없기 때문입니다. 하나님께서 그에게 응답하시지 않는다면 그가 자리에서 일어나지 않겠다고 누가 기도하렵니까? 어느 누구든 그 안에 그런 느낌과 말을 갖고 있다면, 그의 기도가 응답될 것입니다. 당신도 그런 말로 기도할 수는 있을지 모릅니다. 중요한 것은 당신이 당신 안에 압력을 느끼지 않으면 안된다는 것입니다.

어째서 어떤 기도들은 응답되고 또 어떤 기도들은 응답되지 않는지 그 이유를 우리가 이해할 수 있기를 기도합니다. 하나님께서 사소한 문제들에 대한 기도는 듣지 아니하시고, 큰 문제들을 위한 기도를 들으실 때가 많은 것은 어째서입니까? 하나님께서 사랑하는 사람들이나 친구들이나 동역자들이 아플 적에 그들을 위한 기도는 들으시고, 우리가 두통이 있거나, 감기가 걸렸거나, 어떤 생채기를 갖고 있을 때 우리 기도를 즉시 들으시지 않는 것은 어째서 입니까? 다시 말씀드리면, 앞서 제가 말씀드린 대로, 우리를 움직이지 못하는 기도는 하나님도 움직이지 못합니다. 그것은 능력의 문제이며, 능력은 압력에 의해 결정되는 것입니다.

하나님께서 많은 어려움, 많은 막다른 골목, 많은 피할 수 없는 것들이 우리들 앞에 오게 하시는 이유는 무엇입니까? 우리로 하여금 그런 압력을 활용하여 기도에 강력하게 되도록 부르시는 이유 이외 다른 것이 아닙니다. 우리의 실패는 그 압력을 사용하여 그것을 능력으로 변화시키는 방법을 알지 못한다는데 있는 것입니다.

우리는 모든 압력들에는 목적이 있다는 것을 알아야 합니다. 그렇더라도 압력에 참을 수 없게 되어 기도하게 되기까지 기다려서는 안됩니다. 우리는 압력을 받고 기도하는 동시에, 압력이 없이도 기도하기를 배워야 합니다. 압력이 있으면, 우리는 각 압력을 이용하여 그것을 능력으로 변화시키게 합시다. 그렇게 함으로서 압력이 일어날 때마다 하나님이 죽은 자를 살리시는 능력을 나타내려하심을 깨달아야 할 것입니다. 부활 능력보다 더 큰 능력이 없습니다. 우리가 가망 없을 정도로 압력을 받을 때에, 우리는 우리 안에서 뿜어져 나오는 하나님의 부활 능력을 경험하게 될 것입니다.

당신의 기도들이 당신의 삶에서 얼마나 응답되었습니까? 당신은 틀림없이 적어도 몇 번의 응답을 받았을 것입니다. 어째서 이렇게 응답받은 횟수가 적었습니까? 당신이 압력을 느꼈기 때문에, 하지만 그 압력이 너무 컸기 때문에, 당신의 마음을 하나님 앞에 쏟아 놓았기 때문이 아니었습니까? 아마 당신이 전에는 금식하지 않았을 것입니다. 그러나 그 특정의 날에, 당신은 금식하지 않을 수 없었습니다. 당신은 하나님 앞에 오도록 압력을 받고 있었음을 느꼈던 것입니다. 당신은 기도를 부담만으로는 더 이상 생각하지 않게 되었습니다. 그와는 아주 반대로 기도는 그 날 당신에게 부담을 해소하는 수단이 되었던 것입니다.

제 13일 「기도와 압력」에 대한 주와 묵상 내용:

....
....
....
....
....
....

제14일

성령으로 기도하라

그러면 어떻게 할꼬 내가 영으로 기도하고 또 마음으로 기도하며 내가 영으로 찬미하고 또 마음으로 찬미하리라(고전 14:15).

우리는 영으로 기도해야 할 뿐만 아니라 마음(mind=지·정·의)으로도 기도해야 합니다(고전 14:15, NAS). 기도에서 이 두 가지가 함께 작용하지 않으면 안됩니다. 신자는 그가 기도해야 할 필요가 있는 것을 그의 영으로 받으며, 그가 받은 것을 그의 마음으로 이해합니다. 영이 기도의 부담을 받는 반면, 마음은 기도의 용어로 그 부담을 명확한 형태로 표현해냅니다. 신자의 기도는 이런 방법에 의해서만 완전해지고 완성되는 것입니다. 기독교인이 그의 영으로 어떤 계시도 받지 못하고 그의 마음의 생각에 따라 기도할 때가 얼마나 많습니까. 그 자신이 기도의 기원이 되는 것입니다. 하지만 참된 기도는 하나님의 보좌로부터 기원하지 않으면 안됩니다. 기도를 시작할 때에는 그 사람의 영에서 느껴지고(또는 감지되고), 다음으로 그의 마음으로 이해되고, 끝으로 성령의 능력을 통해 발설되는 것입니다. 사람의 영과 기도는 불가분리적인 것입니다.

기독교인은 영으로 기도할 수 있기 위해서 먼저 영에 따라 행하는 법을 배우지 않으면 안됩니다. 만약 온 하루를 그가 육신을 따라 행하고 있다면, 아무도 영으로 기도할 수 없게 됩니다. 한 사람의 기도 생활의 상태는 그의 매일의 행함의 상태와 너무 무관할 수는 없는 것입니다. 많은 사람의 영적 상태가 그들로 하여금 영으로 기도하지 못하게, 불능하게 할 때가 너무 많습니다. 한 사람의 기도의 자질은 그의 삶의 상태로 결정되는 것입니다. 육에 속한 사람이 어떻게 신령한 기도를 드릴 수 있겠습니까? 한편, 신령한 사람이라고 반드시 영적으로 기도하지는 않습니다. 그가 깨어있지 않으면 그 역시 육신에 빠질 것이기 때문입니다. 그렇지만, 신령한 사람이 그의 영으로 자주 기도하면, 그의 기도는 그의 영과 마음을 계속 하나님과 조화되게 할 것입니다. 기도는 영을 발휘하게 하는데, 이렇게 되면, 그의 영은 이 같은 발휘를 통하여 강화됩니다. 기도를 등한히 하면 속사람을 메마르게 합니다. 이것을 대신할 수 있는 것은 아무것도 없습니다. 기독교 일이나 사역조차도 그것을 대신할 수는 없는 것입니다. 일에 너무 몰두하는 나머지 기도를 위한 시간을 허용하지 않고 있는 사람들이 많습니다. 이런 까닭에, 그들은 귀신들을 내어좇을 수 없게 됩니다. 기도는 우리가 먼저 내면에서 적을 압도하게 하며, 그런 다음에야 외적으로 그(원수)를 다루게 하는 것입니다. 무릎을 꿇고 원수에 대항해 싸우는 사람들은 모두 기도에서 일어나자 그(원수)가 완패한 것을 보게 될 것입니다.

영의 부담은 영의 중압과는 다릅니다. 중압은 신자를 짓눌러 그가 고통을 당하게 할 목적으로 사탄으로부터 오는 것이지만, 부담은 그의 뜻을 신자에게 나타내시어 그가 하나님과 함께할 수 있도록 하기 위해 하나님으로부터 옵니다. 영의 중압은 압박한다는 것 외에 다른 목적을 갖고 있지 않습니다. 그러므로 대체로는 어떤 목적도 없으며, 성과도 가져오지 못하는 것입니다. 한편, 영의 부담은 그의 자녀가 일하고, 기도하고, 또는 설교(전파)로 부르시려는 목적에서 하나님께서 주시는 것입니다. 부담은 목적과 이유가 있는 짐이며, 영적 유익을 위한 것입니다. 우리는 영의 부담을 영의 중압과 구별하는 법을 배우지 않으면 안됩니다.

사탄은 그 무엇으로도 기독교인들에게 부담을 주지 않습니다. 사탄은 오직 기독교인들의 영을 포위하고 무거운 중압으로 짓누를 따름입니다. 그런 중압은 사람의 영을 묶고 그의 마음이 작동하지 못하게 억압합니다. 하나님으로부터 부담 또는 용무를 가지는 사람은 그것을 단순히 지니고 다닐 따름입니다. 하지만 사탄에게 방해를 받고 있는 사람은 그의 전 존재가 묶여 있음을 발견합니다. 어둠의 세력이 출현함과 함께 신자는 즉각 그의 자유를 빼앗기게 됩니다. 하나님께서 주시는 짐(부담)은 전혀 그 반대입니다. 그것이 아무리 무거워 보여도 하나님의 용무는 그가 기도하지 못하게 억압할 만큼 그렇게 무겁지가 않습니다. 기도의 **자유**는 하나님께서 주시는 어떤 짐 아래에서도 결코 상실되지 않습니다. 그러나 영을 누르는 원수의 중압은 사람에게 결코 기도하는 자유를 주지 않습니다. 하나님이 나누어 주시는 부담은 우리가 일단 기도하면 제거됩니다. 그러나 원수로부터 오는 중압은, 우리가 기도로 싸우고 저항하지 않으면 풀려지지 않습니다. 영의 중압은 알지 못하는 사이에 살그머니 덮쳐오는 반면, 영의 용무는 우리의 영에서 사역하시는 하나님의 영으로부터 오는 것입니다. 영의 중압은 매우 비참하고, 억압적이지만, 영의 부담은 매우 유쾌한 것입니다(혈육 또는 육신은 천성으로 이렇게 생각하지 않습니다). 영의 부담은 우리로 하여금 하나님과 동행하도록 요청합니다(마 11:30 참조). 영의 부담은 반대를 받고 그 요구가 충족되지 않을 때에만 고약하게 됩니다.

 모든 진정한 사역은 영 안의 부담(짐)이나 용무와 함께 시작합니다(물론, 영이 어떤 용무도 없을 때는 우리의 마음〈지정의〉을 활동시킬 필요가 있습니다). 하나님께서 우리가 힘들여 일하거나 말하거나 기도하게 하시고 싶으실 때에는, 그가 먼저 우리 영에 부담을 넣어 주십니다. 우리가 지금 영의 법칙을 알고 있다면, 우리는 손에 할 일을 되는대로 계속 하거나, 그 부담이 불어나게 하지 않을 것입니다. 따라서 우리는 그 짐이 더 이상 느껴지지 않을 때까지 그 짐을 무심히 등한히 하지 않을 것입니다. 이 **부담의 의미**를 즉각 찾아내기 위하여 우리는 모든 것을 제쳐놓을 것입니다. 우리가 그 의미를 분별했으면 거기에 입각해 행동할 수 있습니다. 그리고 요청된 일이 수행되었을 때는 그 부담은 우리를 떠나게 됩니다.

하나님으로부터 부담을 받기 위해서는 우리의 영은 계속 자유롭고 속박되지 않고 열려 있어야 합니다. 속박되지 않은 영만이 성령의 움직임을 탐지할 수 있습니다. 벌써 용무로 가득한 영은 그 직관적 느낌의 예리함을 상실했고, 이런 까닭에 훌륭한 그릇이 될 수 없습니다. 그가 벌써 하나님으로부터 받은 부담에 따라 행동하지 못함 때문에 그 신자는 자기 자신이 많은 날 동안 고통스럽게 짐 지워져 있음을 발견할 때가 많습니다. 이 기간 동안 하나님은 어떤 새것을 그에게 주실 수가 없습니다. 따라서 성령의 도우심과 그 신자의 마음의 활동과 함께 기도를 통하여 부담의 의미를 찾아낼 필요가 큰 것입니다.

영 안의 부담이나 용무는 기도를 위한 것일 때가 많습니다(골 4:12). 실제 문제로서, 우리는 우리의 부담을 넘어서는 기도를 할 수 없습니다. 부담 없이 기도를 계속한다면 열매를 맺을 수 없습니다. 기도는 우리의 마음에서 발산되는 것이기 때문입니다. 그러나 영 안의 **기도**의 부담은 **기도를 통해서만** 가볍게 될 수 있습니다. 하나님께서 기도, 말씀 전함 등과 같은 것으로 우리와 관계하실 때, 그 용무나 부담을 감소시키는 유일한 방법은 그것이 요청하는 것을 수행하는데 있습니다. 영 안의 기도의 부담만이 우리로 하여금 말로 표현할 수 없는 깊은 탄식으로 성령 안에서 기도할 수 있게 합니다. 우리의 영이 기도 부담과 관계가 있을 때에는, 기도 외에는 아무것도 이 부담을 방출할 수 없습니다. 그 일이 수행된 뒤에야 부담은 즉시 제거되는 것입니다.

제 14일 「성령으로 기도하라」에 대한 주와 묵상 내용:

....
....
....
....
....
....
....

제15일

세 번 기도하라

항상 기도하고 낙망치 말아야 될 것을 저희에게 비유로 말씀하여(눅 18:1).

또 저희를 두시고 나아가 세 번째 동일한 말씀으로 기도하신 후(마 26:44).

이것이 내게서 떠나기 위하여 내가 세 번 주께 간구하였더니(고후 12:8).

우리가 알아야 할 기도에 관한 한 가지 특별한 비밀이 있는데, 그것은 주께 세 번 기도하는 것입니다. 이 "세 번"은 세 번에만 국한되지 않으며, 여러 번이 될 수 있습니다. 주 예수님은 그의 기도가 들으심 받기까지 겟세마네에서 세 번 하나님께 구하셨습니다. 그런 다음 기도를 그치셨습니다. 바울도 하나님께 세 번 기도했고,

그가 하나님의 말씀을 받은 후 기도를 그쳤습니다. 이런 까닭에, 모든 기도는 세 번의 원칙에 주목해야 합니다. 이 "세 번"은 우리가 한 번, 두 번, 그리고 세 번만 기도할 필요만 있고, 끝낸다는 뜻이 아닙니다. 그것은 단순히 하나님께서 우리를 들으실 때까지, 끝까지 우리가 철저히 기도하지 않으면 안된다는 것을 의미할 뿐입니다.

 이 세 번 기도의 원칙은 매우 중요합니다. 개인 기도에서 우리는 이런 원칙에 주의를 기울일 필요가 있을 뿐만 아니라, 기도 모임에서도 이 원칙을 따르지 않으면 안됩니다. 하나님께서 우리로 하여금 성취하기를 바라시는 것을 모두 성취하기 위해서, 기도 모임에서 우리가 기도를 통해 교회의 사역을 수행하기를 바란다면, 우리는 중요한 원칙을 기억하지 않으면 안됩니다.

 이 세 번 기도의 원칙은, 우리가 하나님의 뜻이 분명할 때까지, 우리가 그의 응답을 얻을 때까지 철저히 기도하는 것이며, 그 동안 내내 기도하는 것을 가리킵니다. 기도 모임에서 어떤 한 문제가 한 형제에 의해 벌써 기도되어졌으니까, 내 기도가 더 이상 필요하지 않다고 결코 생각하지 마십시오. 이를테면, 한 자매가 병이나 우리가 그녀를 위해 기도합니다. 그러나 한 형제가 그녀를 위해 벌써 기도했으니까 나는 내 기도를 추가할 필요가 없다는 것이 아닙니다. 그렇습니다. 그 형제가 한 번 기도했습니다. 나는 두 번째로 기도할 수 있습니다. 그리고 다른 사람이 세 번째로 기도할 수 있는 것입니다. 이것은 각 기도를 세 사람이 드려야 한다는 것을 의미하지 않습니다. 기도는 부담과 함께 드려지지 않으면 안됩니다. 가끔 우리는 다섯 번 내지 열 번 기도해야 할지도 모릅니다. 중요한 것은 그 부담이 해소될 때까지 기도할 필요가 있다는 것입니다. 이것이 세 번 기도의 원칙입니다. 이것이 기도 모임의 성공의 비결입니다.

우리의 기도가 메뚜기처럼 이리 저리 뛰게 해서는 안됩니다. 첫째 기도가 철저히 끝나기 전에 다른 문제로 뛰어드는 것 말입니다. 그리고 이 두 번째 문제가 철저히 드려지기 전에 바로 첫 번째 기도로 다시 가볍게 뛰어 돌아가는 것 말입니다. 그렇게 이리 저리 뛰는 기도는 부담을 풀어내지 못하며, 따라서 하나님의 응답을 얻기 힘듭니다. 그런 기도는 별 소용이 없으며, 기도 사역을 성취하지 못하는 것입니다.

이런 기도를 우리는 얼만큼 길게 해야 합니까? 한 번만 기도할 필요가 있는 기도들이 많음을 우리는 알고 있습니다. 그러나 사탄을 공격하는 기도는 너무 많을까 염려할 것이 없습니다. 우리 주께서 주시는 이 비유의 목적은 우리가 **"항상 기도해야 한다"**(눅8:1)는 것입니다. 이 재판장은 정의를 위해서나 어떤 다른 이유에서도 아니고, 그녀가 계속해서 찾아오는 것을 그가 견딜 수 없었기 때문에 이 과부의 원한을 갚아준 것입니다. 그가 자기에게 이렇게 말하고 있지 않습니까? "이 과부가 나를 번거롭게 하니 내가 그 원한을 풀어 주리라." 결국, 이런 종류의 기도는 중단됨 없이 드려져야 합니다. 대적에 대항하는 이런 기도는 특별히 필요할 때에만 할 것이 아니라, 모든 것이 조용한 여느 날들에도 하나의 태도로서 발설되어야 할 뿐만 아니라, 영으로 끊임없이 속삭여야 합니다. 주 예수께서 이 비유의 말씀을 설명하실 적에 이렇게 물으십니다. "하물며 하나님께서 그 밤낮 부르짖는 택하신 자들의 원한을 풀어주지 아니하시겠느냐?" 그러므로 이런 종류의 기도는 밤낮 끊임없이 기도하지 않으면 안됩니다. 우리는 요한 계시록 12장에서 사탄이 "(우리 형제들을) 우리 하나님 앞에서 밤낮 참소하던 자"(10절)로 말씀하고 있으므로, 하나님 앞에서 끊임없이 우리 대적을 참소하지 않으면 안됩니다. 그가 우리를 밤낮 참소한다면, 우리도 그 자를 밤낮 참소하면 안되겠습니까?

　이것이 참된 설욕입니다. 즉 마귀가 우리를 다루듯이 우리도 마귀를 다룬다는 것입니다. 이 과부의 부르짖음은 대적이 심판을 받고 처벌을 받아, 그녀의 불만이 설욕될 때까지 계속되었습니다. 사탄이 여전히 세상을 침해하는 또 한 날이 있는 한, 사탄이 아직 투옥되지 않고 불속에 던져져 있지 않는 한, 우리는 그에 대항하는 기도를 그만두지 않을 것입니다. 하나님께서 우리의 원한을 갚아 주시고, 사탄이 참으로 번개처럼 하늘에서 떨어질 때까지 우리 기도를 끝내지 않을 것입니다. 우리가 마귀에 대해 깊은 혐오를 보여주는 것이야말로 하나님께서 얼마나 바라시는 것이겠습니까? 우리가 마귀로부터 충분하리만큼 고통을 당하지 않았습니까? 그가 우리의 모든 발걸음에서 우리에게 적의를 보여주었고, 그가 우리 몸과 영에서 무섭게 고통을 받게 했습니다. 그렇다면 어째서 우리가 기도하지 않고 그의 박해를 견뎌야 하겠습니까? 우리 하나님 앞에서 우리는 기도의 말과 함께 일어나 어째서 그를 고발하지 않습니까? 우리는 설욕을 구해야 합니다. 어째서 우리는 계속 하나님께 나아가 적을 고발하지 않고, 이처럼 오랫동안 억압된 분노를 풀지 않고 있습니까? 주 예수님은 오늘 우리가 기도로서 마귀를 대항하도록 우리를 부르시고 있습니다.

제 15일 「세 번 기도하라」에 대한 주와 묵상 내용:

....
....
....
....
....
....
....
....

제16일

눈물로 기도하라

나의 눈물을 주의 병에 담으소서 이것이 주의 책에 기록되지 아니하였나이까(시 56:8하반).

"여호와여 나의 기도를 들으시며 나의 부르짖음에 귀를 기울이소서 내가 눈물 흘릴 때에 잠잠하지 마옵소서 나는 주와 함께 있는 나그네이며 나의 모든 조상들처럼 떠도나이다"(시 39:12) 하나님 앞에 눈물의 기도는 하나님께서 응답하시는 최선의 방법입니다. 당신의 기도에 눈물이 추가된다면, 그런 기도는 즉시 응답될 것입니다. 열의가 없고, 차가운 기도가 많습니다. 눈물이 없기 때문입니다. 당신이 마음을 갖고 있다면 어째서 눈물을 추가하지 않습니까? 시편 기자가 한 것처럼 이렇게 당신도 하나님께 아뢸 수 있을 것입니다. "나는 주와 함께 있는 나그네이며 나의 모든 조상들처럼 떠도나이다. 제가 이 세상에서 매우 비참하나이다. 그러므로 제 기도를 들어주소서." 하나님은 우리 기도를 확실히 들어주실 것입니다. 눈물 자체에 어떤 공로가 있는 것은 아니지만, 눈물은 당신 마음속에 있는 것을 표현하는 것입니다. 즉, 당신은 진정 마음속의 소원을 갖고 있는 것입니다. 그러므로 바라옵기는 우리의 기도가 응답되도록 우리 기도에 눈물을 추가하게 되기를 기도합니다.

"너는 돌아가서 내 백성의 주권자 히스기야에게 이르기를 왕의 조상 다윗의 하나님 여호와의 말씀이 내가 네 기도를 들었고 네 눈물을 보았노라 내가 너를 낫게 하리니 네가 삼일 만에 여호와의 성전에 올라가리라"(왕하 20:5). 얼마나 좋은 말씀입니까! 하나님께서 우리의 눈물을 보십니다! 히시기야는 더 살게 되기를 하나님께 기도했고 울었습니다. 하나님께서 그의 기도를 응답해 주셨습니다. 이것은 주께서 우리의 눈물의 기도를 얼마나 기뻐하시는가를 보여줍니다. 그런 기도는 주의 마음을 움직일 수 있습니다. 이것을 감안해볼 때, **당신의** 마음을 감동시켜 울게 할 수 없는 것은 무엇이든 **하나님의** 마음도 움직일 수 없습니다. 이런 까닭에, 우리가 주 앞에 눈물을 더 흘리는 것은 당연한 것입니다. 사람들 앞에서 우는 것은 당신의 연약함을 보여주지만, 하나님 앞에서 울지 않는 것은 당신이 나무와 돌처럼 마비되어 있음을 드러내는 것입니다.

서로 마주서서 우는 것은 소용이 없을 때가 많습니다. 그러나 하나님을 향해 울면, 효과가 있습니다. 하나님께서 그의 눈물을 보시며 그의 기도를 들어주시기 때문입니다. 참으로, 하나님 앞에서 흘린 눈물 한 방울 한 방울은 그가 세신 바 될 것입니다. "나의 유리함을 주께서 계수하셨사오니 나의 눈물을 주의 병에 담으소서 이것이 주의 책에 기록되지 아니하였나이까"(시 56:8). 하나님 앞에 눈물을 흘리는 이점이 이 같음을 주목하십시오. 오오, 슬퍼하는 마음이여, 삶 때문에 고통스러우면, 그리고 당신이 비참한 날들을 지새우며 참을 수 없는 괴로움을 받고 비참한 나날을 보내고 있으면, 어째서 하나님 앞에 부르짖지 않습니까? 이것이 결코 헛되지 않을 것이라고 당신에게 말씀드리고 싶습니다. 당신이 눈물 흘릴 때마다 하나님께서 그 눈물을 기록해 두실 것입니다. 하나님께서 그의 병속에 눈물을 담아두실 것입니다. 이것은 그가 당신의 모든 고통을 기억하실 것이라는 뜻입니다. 하나님께 감사하리로다. 우리 눈물이 바닥에 떨어져 먼지와 함께 섞이지 않을 것입니다. 그러기는커녕, 하나님의 기억의 병에 간직됩니다. 이것이 그의 책에 기록되어 있지 않습니까? 하나님은 잊지 않으실 것입니다. 그가 항상 우리의 눈물을 기억하실 것입니다.

당신에게 한 가지 질문을 하겠습니다. 당신의 기도 중 어떤 종류의 부르짖음이 가장 위안이 되고 확실한지 아십니까? 어린이가 가장 크게, 가장 힘차게 우는 때가 언제인지 아십니까? 그가 매 맞거나, 배고플 때가 아닙니다. 그가 밖에서 사람들에게 모욕을 당하고 괴롭힘을 받은 후 그가 그의 소중한 어머니를 보는 첫 순간이 아닙니까? 그 순간 그는 매우 크게, 매우 길게 울 것입니다. 오오, 사랑하는 이 앞에서 우는 것은 가장 위안이 됩니다. 보통 사람들 앞에서 우는 것은 어떤 의미도 효과도 없습니다. 그러니까 우리는 어디서, 언제 울어야 하겠습니까? 틀림없이 우리를 가장 돌보아주시고 우리의 가장 소중한 하나님 앞에서 울어야 합니다. 하나님 앞에서 우리의 마음을 열어 웁시다. 그가 우리를 소중히 여기시기 때문입니다. 주 앞에서 우는 것은 가장 위안이 됩니다. 그가 귀를 기울이고 보시기 때문입니다. 그가 이루어주실 것입니다. 오오, 하나님 앞에서 울면 가장 좋은 결과를 거두게 될 것입니다.

마가복음 9장에 기록된 아버지와 아들에 대한 이야기를 살펴보면서 눈물의 기도의 이점을 더 고찰해보기로 합시다. "곧 그 아이의 아버지가 소리를 질러 이르되 내가 믿나이다 나의 믿음없는 것을 도와주소서 하더라"(24절). 그 순간 아버지의 마음이 크게 고통스러워지고, 자기의 불신앙 때문에 자기를 혐오했습니다. 아버지는 자식의 극도의 고통을 보았고 모든 일을 시도해보았으나 헛되었습니다. 그런 다음 주의 제자들에게 도움을 구했으나 이것 역시 보람이 없었습니다. 그래서 그는 이제 필사적이었습니다. 그런 고뇌와 불안 가운데서 그는 주께 즉시 울부짖지 않을 수 없었습니다. 결과는 어떠했습니까? 그 결과로 주께서 그의 기도를 들으셨고, 아이는 치유되었습니다. 많은 기도가 눈물이 없다는 단순한 이유 때문에 효과가 없었음을 우리는 볼 필요가 있습니다.

"내가 밤낮 간구하는 가운데 쉬지 않고 너를 생각하여 청결한 양심으로 조상적 부터 섬겨오는 하나님께 감사하고 네 눈물을 생각하여 너 보기를 원함은 내 기쁨이 가득하게 하려함이니"(딤후

1:3,4). 바울은 어째서 디모데 보기를 간절히 원했습니까? 디모데의 눈물 때문입니다. 성경에 주를 섬기는 사람들은 모두 울 줄 아는 사람들 같아 보입니다. 그러므로 나는 믿거니와 주를 섬기는 사람은 누구나 눈물 흘리는 것을 면제받고 있지 않을 것입니다. 눈물은 일꾼들에게 반드시 필요한 것으로 보이는 것입니다. 그러므로 하나님께서 기억하시고 들으시기 위해서는 눈물이 기도와 섞이면 가장 좋은 것입니다.

제 16일 「눈물로 기도하라」에 대한 주와 묵상 내용:

....

....

....

....

....

....

제17일

경계하고 기도하라

모든 기도와 간구로 하되 무시로 성령 안에서 기도하고 이를 위하여 깨어 구하기를 항상 힘쓰며 여러 성도를 위하여 구하고(엡 6:18).

우리가 주목해야 할 이 구절의 일부는 "이를 위하여 깨어 구하기를 항상 힘쓰며"입니다. "이를 위하여"는 무엇을 가리킵니까? 앞 절을 읽으면서 우리는 그것이 기도와 간구를 가리킴을 깨닫습니다. 사도가 말씀하려고 하는 것은 "모든 기도와 간구로 하되 항상 성령 안에서 기도하고"가 충분하지 않으며, "깨어 항상 힘쓰며"가 기도와 간구에 첨가되어야만 한다는 것입니다. 다시 말씀드리면, 한 편에는 기도가 있어야 하고, 또 한 편에는 깨어 있어야 한다는 것입니다. "깨어"는 무슨 뜻입니까? 졸지 않는 것을 의미합니다. 이 말씀은 눈을 뜨고 감시하거나 살핀다는 뜻입니다. 이 말씀은 어떤 위험이나 돌발 사태를 예방한다는 의미입니다. 기도와 간구에서 깨어 있는 것은 사탄의 계책을 분별하고 그의 목적과 수단을 발견할 영적 통찰을 갖는 것을 의미합니다. 이제 기도와 간구에 이어, 깨어 있음의 몇몇 국면들을 구체적으로 살펴보기로 합시다.

기도는 일종의 섬김입니다. 기도는 눈에 뜨이는 높은 자리에 놓여져야 합니다. 사탄은 항상 주님에 관한 다른 일들을 기도에 우선해서 앞자리에 놓고, 기도를 맨 끝에 두려고 교묘히 일을 꾸미곤 합니다. 사람들이 기도의 중요함을 아무리 많이 상기한다 해도 그 진가를 실제로 이해하는 사람은 많지 않습니다. 사람들이 사역의 모임과 성경공부 등에 참석하는 데는 대체로 열광합니다. 그들은 그런 집회를 위해 시간을 찾아내곤 합니다. 그러나 기도모임에 올 때에는 참석율이 놀랍게도 극소수입니다. 우리의 주된 섬김이 기도이며, 우리가 기도 생활에 실패하면 모든 것이 실패한다고 상기시키는 메시지가 아무리 많더라도, 기도는 여전히 중요하지 않은 문제로 취급되는 것입니다. 우리가 수많은 문제들에 직면하여 기도만이 그 문제들을 해결할 수 있다고 입술로는 말할지 모릅니다. 하지만 기도하기 보다는 말을 더 많이 하는 편이며, 기도보다는 계획을 더 많이 세우곤 하는 것입니다. 요컨대, 모든 것이 기도보다 우선해서 앞에 놓여지는 것입니다. 기도는 끝자리로 밀려나고 다른 일들이 걸출한 위치에 놓이는 것입니다. 기도만은 그렇게 중요하지 않은 유일한 존재인 것입니다.

　주님을 깊이 아는 어떤 분이 이렇게 말한 적이 있습니다. "우리는 모두 기도를 등한이 하는 죄를 범해왔습니다. 우리는 자신들에게 이렇게 말해야 합니다. 당신이 바로 그 사람이다 라고 말입니다." 우리는 자신들에게 참으로 당신이 그 사람이다라고 말해야 합니다. 기도하지 않는 것 때문에 다른 사람들을 나무라면 안됩니다. 우리들 자신이 회개할 필요가 있습니다. 주께서 우리 눈을 비추어 주셔서 우리가 기도의 중요함을 새롭게 이해하고, 그 가치를 새로 알 필요가 얼마나 크겠습니까. 더욱이 사탄이 우리를 기만하지 않았다면 우리가 기도를 그처럼 등한이 하지는 않았을 것을 깨달아야 합니다. 그러므로 사탄의 온갖 다양한 계획을 살피고 찾아내야만 합니다. 우리가 기도를 더 이상 게을리하지 않도록 사탄이 우리를 현혹시키지 못하게 해야 할 것입니다.

　형제님들, 우리는 기도 시간을 위해 싸우지 않으면 안되며, 기도할 시간을 갖지 않으면 안됩니다. 우리가 기도할 여가 시간을 가질 때까지 기다린다면, 우리는 기도할 기회를 결코 갖지 못하게 될 것입니다. 우리는 어떤 일정한 기도 시간을 따로 구별해 두어야 합니다. 안드류 머레이는 경고하기를 "기도할 시간을 정해두지 않은 사람들은 기도하지 않는다"고 했습니다. 이런 이유로, 우리는 기도할 시간을 얻기 위해 지켜보아야 할 필요가 있습니다. 마귀의 계책에 낚아 채이지 않도록 이 기도 시간을 지키기 위해 기도하지 않으면 안됩니다.

우리는 기도 시간을 지키는 데 경계를 게을리 하지 말아야 할 뿐만 아니라, 기도 시간에도 경계를 게을리 하지 않아야 진정으로 기도할 수 있습니다. 사탄은 우리가 실제로 무릎을 꿇는 동안 우리 기도를 방해하기 위해 여러 가지 속임수를 사용할 것입니다. 그가 전에도 우리를 압박하기 위해 외적 상황과 온갖 종류의 일들을 활용하여 우리가 기도를 우선적으로 할 어떤 시간도 갖지 못하게 했습니다.

우리 마음이 맑고, 우리의 생각이 집중되어 있습니다. 그러나 우리가 기도하기 위해 무릎을 꿇자마자 우리의 생각이 흩어지기 시작합니다. 회상하지 말아야 할 것이 회상되고, 미리 계획되지 말아야 할 것이 미리 계획되며, 많은 불필요한 변덕스런 생각들이 갑자기 쏜살같이 달려듭니다. 이 모든 생각들이 기도하기 전에는 없던 것들입니다. 그러나 이것들이 이제 막 기도 시간에 우리를 어지럽히려고 떼를 지어 밀어닥치는 것입니다.

전투는 여기서도 말려들게 됩니다. 기도하기 전에 우리가 기도할 수 있도록 하나님께 먼저 기도해야 하는 것입니다. 그리고 기도하는 시간 동안 하나님께서 우리를 도우셔서 우리가 기도에 전념할 수 있게 하시므로, 우리의 기도가 원수의 어떤 의도에 의해서든 방해를 받지 않게 해야 합니다. 우리를 혼란케 하는 생각들과 연약함들과 질병들에 대하여 우리는 이렇게 말해야 할 것입니다. '나는 이 원인 없는 모든 현상들을 거짓말로, 사탄의 모조품으로 알고 배격한다.' 우리는 이것들을 찾아내기 위해 우리 나름의 목소리를 낼 것이며, 원수에게 어떤 진지도 내주지 않을 것입니다. 우리는 사탄의 계획을 기도로 저항하여 우리가 기도할 수 있을 뿐만 아니라 동시에 기도를 잘 끝낼 수 있게 하지 않으면 안됩니다.

  기도를 끝까지 잘하고 힘 있게 기도한다는 것이 헛된 기대가 아닙니다. 안이와 편의는 우리를 이 같은 기도 생활로 이끌어 주지 못할 것입니다. 그리고 우리는 이 같은 기도 생활 속으로 부지중에 끌려들어가게 되지도 않을 것입니다. 우리는 이런 기도를 할 수 있기 위하여 조금씩 배워야하며, 조금씩 개척해야 하며, 조금씩 싸우지 않으면 안됩니다.

제17일 「경계하고 기도하라」의 주와 묵상 내용:

....
....
....
....
....
....
....
....
....

제18일

잘못 기도하지 말라

구하여도 받지 못함은 정욕으로 쓰려고 잘못 구함이니라(약 4:3).

사람들은 하나님께 구해야 합니다. 그러나 성경은 이렇게 두 번째 조건을 규정합니다. 잘못 구하지 말라고 말입니다. "구하여도 받지 못함은... 잘못 구함이라"(약 4:3). 사람들이 필요한 것을 위해 하나님께 구할 수 있습니다. 그러나 부당하게, 그들의 한도를 넘어 구해서는 안됩니다. 누구든지 하나님 앞에 이른바 "큰 기도들"을 드릴 수 있기 전에 몇 년간의 배움이 필요합니다.

영적 생활 초기에 큰 기도를 드리는 것과 잘못 기도하는 것을 구별하기는 어렵습니다. 정욕에 따라 구하지 않거나 우리가 필요하지 않은 것을 위해 제멋대로(함부로) 구하지 않는 것이 가장 좋습니다. 하나님은 필요한 것만을 공급해주실 것이며, 꼭 필요한 것만을 주실 것입니다. 하지만 하나님은 우리가 구하는 것들 외에도 매우 풍성하게 주실 때가 많습니다. 그러나 젊은이들이 잘못 구한다면, 그들의 기도를 듣지 않으실 것입니다.

잘못 구한다는 것은 무슨 뜻입니까? 당신의 한도, 당신의 필요, 당신이 실제로 꼭 필요한 것 이상을 구하는 것을 의미합니다.

이를테면, 나는 어떤 필요한 것이 있습니다. 그리고 하나님께서 공급해 주시도록 구합니다. 나는 필요한 액수나 양에 따라 구합니다. 만약 내 필요를 초월해서 구한다면 나는 잘못 구하는 것이 될 것입니다. 만약 내 필요가 크다면 나는 하나님께서 이 큰 필요를 공급해 주시도록 구할 수 있습니다. 그러나 그 이상을 구해서는 안됩니다. 하나님은 경솔한 기도를 기뻐하시지 않습니다. 기도는 필요에 따라 가늠되어야 합니다. 기도를 무모하게 드려서는 안됩니다.

잘못 구한다는 것은 네 살 난 어린이가 하늘에 있는 달을 구하는 것과 같습니다. 그것은 그의 필요를 훨씬 뛰어넘는 것입니다. 이와 같이 어린 신자들은 기도에서 그들의 단계를 지키는 법을 배워야 합니다. 그들이 영적 체험을 한 다음에 한해서 큰 기도들을 드려야 하는 것입니다. 그러나 지금에는 그들이 분수 안에서 기도하게 합시다. 그들의 실제 필요를 뛰어넘지 않도록 그들의 입을 너무 크게 벌리지 않게 합시다.

사람들이 구했고, 잘못 구하지 아니했더라도, 여전히 응답을 받지 못할 수도 있습니다. 어째서입니까? 아마 근본적인 장애물, 하나님과 사람 사이에 서 있는 죄가 있기 때문에 그럴 것입니다.

"내가 나의 마음에 죄악을 품었더라면 주께서 듣지 아니하시리라"(시 66:18). 누구든 알려진 죄를 마음에 품고 있고, 그의 마음이 그 죄에 달라붙어 있으면, 그의 기도가 응답되지 않을 것입니다. "마음에 죄악을 품었더라면"은 무슨 뜻입니까? 단순히 마음속에서 포기하려고 하지 않는 죄를 의미합니다. 어떤 사람이 큰 결점들을 갖고 있을지라도 하나님은 그것들을 용서해 주실 것입니다. 그러나 만약 어떤 사람이 그의 마음속에 그것이 있음을 알고 있고, 또 여전히 그것을 소원하는 죄가 있다면 그것은 외적 행동에 머무는 결점 이상 가는 것입니다. 그것은 그의 마음속에 품고 있는 죄악입니다.

로마서 7장에 나오는 그 사람은 아주 다릅니다. 그는 자기가 행하고 있는 것을 그가 혐오하고 있다고 선언하고 있는 것입니다. 그러나 마음속에 죄악을 품고 있는 사람은 그의 죄를 포기하려고 하지 않는 사람입니다. 그는 그의 행동에서나 마음에서 그것을 포기하지 않습니다. 주님은 그런 사람의 기도를 듣지 않으실 것입니다. 죄가 그의 기도를 응답받지 못하게 방해한 것입니다.

새 신자들은 알려진 모든 죄들을 물리치기 위해 특별한 주의를 기울여야 합니다. 우리는 하나님 앞에 거룩한 삶을 사는 법을 배우지 않으면 안됩니다. 그 누구이든 죄 문제에 엄격하지 못하면, 그의 기도는 확실히 지장을 받을 것입니다. 죄는 큰 문제입니다. 그들 삶에서 죄를 관용하기 때문에 기도할 수 없는 사람들이 많습니다. 죄는 우리 기도를 가로막을 뿐만 아니라 우리의 양심도 파선시킬 것입니다.

　죄의 결과들은 두 가지 면을 띄고 있습니다. 객관적으로는 하나님을 향한 결과와, 주관적으로는 우리를 향한 결과입니다.

　객관적으로, 죄는 하나님의 은혜와 하나님의 응답을 가로막습니다. "여호와의 손이 짧아 구하지 못하심도 아니요 귀가 둔하여 듣지 못하심도 아니라 오직 너희 죄악이 너희와 너희 하나님 사이를 갈라놓았고 너희 죄가 그의 얼굴을 가리어서 너희에게서 듣지 않으시게 함이니라"(사 59:1,2). 하나님의 자비와 은혜는 세상에서 가장 큰 힘입니다. 죄 외에는 아무 것도 그것에 저항할 수 없습니다. 시편에 이렇게 말씀되었습니다. "내가 나의 마음에 죄악을 품었더라면 주께서 듣지 아니하시리라"(시66:18). 사람이 죄를 다루는 일에 등한히 하면 그와 하나님 사이에 가로막힘이 있을 것입니다. 자백하지 않은 어떤 죄, 피로 덮어지지 않는 모든 죄는 하나님 앞에 큰 장애가 되는데, 그 죄는 기도를 가로막아 응답되지 못하게 합니다. 이것이 죄의 객관적 결과입니다.

　주관적으로, 죄는 사람의 양심에 손상을 줍니다. 사람이 죄를 지을 때마다 그가 자기 자신을 확신시키려 아무리 애를 쓰고, 아무리 성경을 많이 읽고, 성경의 약속들과 기쁨을 주는 하나님의 은혜에 아무리 필사적으로 집착하더라도 그것에 관계없이 그의 양심은 약화되고 억눌립니다. 그의 양심은 배와 같습니다(딤전 1:19 참조). 배가 낡은 것이더라도 괜찮습니다. 그렇더라도 부서지지는 않습니다. 이처럼 양심은 파선되어서는 안됩니다. 양심에 평안이 없다면 하나님 앞에서 그 사람에게는 장애가 있을 것입니다.

나는 믿음과 양심의 관계에 대해 자주 생각해 봅니다. 믿음은 화물과 같고, 양심은 배와 같습니다. 화물이 배에 있습니다. 배가 파선한다면, 화물은 물속으로 떨어질 것입니다. 양심이 강하면 믿음도 강합니다. 그러나 양심이 파선되면 믿음은 새어버릴 것입니다. 하나님의 마음은 우리 마음보다 크십니다. 우리가 자신들을 정죄한다면 하나님께서는 얼마나 더 우리를 정죄하시겠습니까? 사도 요한이 우리에게 이것을 말씀해 줍니다. "이는 우리 마음이 혹 우리를 책망할 일이 있어도 하나님은 우리 마음보다 크시고 모든 것을 아시기 때문이라"(요일 3:20).

제 18일 「잘못 기도하지 말라」의 주와 묵상 내용:

....
....
....
....
....
....
....

제19일

포기하지 말라

항상 기뻐하라 쉬지 말고 기도하라 범사에 감사하라 이는 그리스도 예수 안에서 너희를 향하신 하나님의 뜻이니라.(살전 5:16-18).

새 신자들에게 나의 경험으로부터 무언가 중요한 것을 말하려고 합니다. 독자의 허락을 구합니다. 기도는 두 부분으로 구분할 수 있을 것입니다. 첫째 부분은 하나님의 말씀이 없이 하나님의 말씀을 받기 위하여 드리는 기도, 약속이 주신 바 되기까지 어떤 약속도 없이 기도하는 것입니다. 모든 기도는 이렇게 시작된다 하겠습니다. 하나님께 구함으로서 기도하십시오. 그리고 구하기를 계속하십시오. 죠지 뮬러의 경우, 어떤 기도들은 일분 만에 응답되었던 반면,

어떤 기도들은 7년이 지났는데도 아직 들으신바 되지 못했습니다. 이 부분은 기도하는 부분입니다. 두 번째 부분은 약속을 이루어주시겠다고 하나님께서 약속하신 지점으로부터 기도하는 것인데, 그의 말씀을 이루시겠다는 하나님의 말씀을 받은 시점으로부터 기도하는 것입니다. 이 기간 동안에는 기도 없이 찬양을 드려야 합니다. 그러므로 첫째 부분은 기도이며, 둘째 부분은 찬양입니다. 첫째 부분에서는 말씀을 받지 못한데서 부터 말씀을 받기 위해 기도합니다. 둘째 부분에서는 그 약속이 성취되기까지 그 약속을 받은데서부터 찬양하는 것입니다. 이것이 기도의 비결입니다.

이 세상 사람들에게는 기도는 두 초점만이 있을 뿐입니다. 즉, '내가 갖고 있지 못하니까 나는 기도하고, 내가 기도한 후에 하나님이 내게 주신다' 입니다. 이를테면 '내가 어제 시계를 주소서 라고 기도했다. 며칠 후에 주께서 나에게 시계를 주신다.' 이것은 아무것도 없던 것에서 무언가를 얻는 것입니다. 그러나 기독교인들에게는 세 번째 점이 있습니다. 이 둘 사이의 세 번째 초점, 곧 믿음이 있습니다. 내가 시계를 위해 기도하고 어떤 날 나는 하나님께서 내 기도를 들으셨다고 주장할 수 있습니다. 그 때 나는 믿는 지점에 도달했고, 나는 내 두 손이 아직 빈손이더라도 내가 시계를 갖고 있음을 마음속으로 압니다. 며칠 후에 시계가 도착합니다. 기독교인들은 받는 법을 영으로 알 필요가 있습니다. 그렇찮으면, 그들은 믿음도 영적 통찰도 갖지 못하고 있는 것입니다.

사람들은 열심히 기도해야 하는데, 믿음을 주실 때까지 기도해야 합니다. 우리는 첫 부분은 믿음이 없는데서 믿음이 있는 데로 기도하는 것이고, 둘째 부분은 믿음으로부터 찬양하여 실제로 소유하여 손에 넣는 것이라고 말할 수 있습니다. 어째서 우리는 기도를 이렇게 두 부분으로 구분해야 합니까? 일단 믿음을 갖게 되면 찬양만을 할 수 있을 뿐, 기도할 수 없기 때문입니다. 만약 그가 계속 기도한다면, 그의 믿음은 상실될 것입니다. 그는 속히 이루어 주옵소서 하며, 하나님께서 상기하시도록 찬양을 해야 하는 것입니다. 하나님께서 벌써 주시기로 약속하셨으니 그가 무엇을 더 구할 수 있겠습니까? 온 세계의 형제, 자매들이 그런 경험을 했습니다. 믿음을 주신 후에 더 기도하는 것은 불가능한 것입니다. 한 가지 해야 할 것은 "주님, 당신께 찬양을 드립니다"라고 말하는 것입니다. 아아, 어떤 형제들이 이것을 알지 못하는 것은 얼마나 애석한 일입니까. 하나님이 벌써 약속을 하셨는데도 그들은 기도를 계속하는 것입니다. 그래서 그들은 모든 것을 잃을 때까지 기도하는 것입니다. 이것은 참으로 큰 손실입니다.

믿음을 어떻게 유지해야 하겠습니까? 주를 찬양함으로서 유지합니다. "오 주여, 당신을 찬양합니다. 당신께서 제 기도를 들어주셨습니다. 주께서 한 달 전에 제 기도를 들으셨습니다." 마가복음 11장 24절은 얼마나 소중한 말씀입니까? 신약성경 아무데서도 이 소중한 구절에서보다 믿음이 더 잘 표현된 곳은 없습니다. "그러므로 내가 너희에게 말하노니 무엇이든지 기도하고 구하는 것은 받은 줄로 믿으라 그리하면 너희에게 그대로 되리라." 세 가지 점이 여기에 들어 있습니다. 첫째로, 기도하라, 빈손으로 말입니다. 둘째로, 믿으라, 아직 아무것도 없지만 말입니다. 셋째로 믿으라, 그러면 그것이 손에 들어온다는 것입니다. 새 신자들이 기도가 무엇이며, 기도가 그들의 삶에 얼마나 큰 부분이 되는지 알도록 기도합시다.

기도에는 우리가 방금 말한 내용과 모순되어 보이는 또 한 면이 있는데, 방금 말한 내용과 똑 같이 실질적인 것입니다. 그것은 사람들이 "항상 기도하고 낙심하지 말아야 할 것"(눅 18:1)이라는 것입니다. 주님은 일부 기도자들에게 집요함이 필요하다는 것을 우리에게 보여주십니다. 우리는 기도를 계속하지 않으면 안됩니다. 주께서, 말하자면 우리가 계속 그에게 옴으로서 지치게 되시기까지 계속해야 한다는 것입니다. 이것은 불신앙의 징조가 아니라 오히려 믿음의 또 다른 종류인 것입니다. 주께서 말씀하시기를 "그러나 인자가 올 때에 세상에서 믿음을 보겠느냐?"라고 하십니다. 이것은 집요하게 기도함으로서 하나님께서 이전에 약속을 하셨든 안하셨든 마침내 응답하실 것을 믿는 종류의 신앙입니다.

우리는 두 번 기도하지 않거나, 두 번 기도할 수 없는 경우가 많습니다. 우리가 실제로는 아무 것도 구하지 않았기 때문입니다. 우리의 기도들 중 두 번, 세 번, 다섯 번, 또는 열 번 기도한 적이 얼마나 됩니까? 우리가 기도를 일단 드리고 나면 잊혀지는 기도들이 얼마나 많습니까? 우리가 하나님도 역시 기도를 잊으신다고 생각해야 하겠습니까? 실제로 필요가 있을 때만 우리가 기도할 수 있고 기도를 계속합니다. 그런 때는 우리가 어쩔 수 없이 기도하거나, 우리로 하여금 기도하도록 움직이는 환경가운데 있을 때입니다. 오십 여 년이 지나간 다음에도 우리는 그 기도를 여전히 기억할 수 있을지 모릅니다. 오 주여, 당신께서 행동하시지 않으면, 제가 기도를 계속하겠습니다 라고 말입니다.

이런 기도가 마가복음 11장의 기도와 모순되는 것은 아닙니다. 마가는 우리가 믿음을 받을 때까지 기도해야 한다고 가르칩니다. 누가복음에서는 우리가 항상 기도하고 낙심하지 말아야 할 것을 가르칩니다. 우리의 기도들 중 마음에 없는 것들이 너무 많아 기도자들이 곧 잊어버리는 기도가 많습니다. 그런 마음에 없는 기도를 하나님께서 들으시리라고 우리가 어떻게 기대할 수 있겠습니까? 우리들 자신은 잊어버리지만, 하나님께서는 기억해주실 것을 우리가 바라고 있는 것입니다. 그런 일은 없습니다. 그러므로, 젊은 형제·자매들은 그들이 구한 것을 받을 때까지 어떻게 기도해야 하는지 기도하는 법을 배워야 합니다.

어떤 자매가 그녀의 오빠를 위해 여러 해 동안 기도했습니다. 하나님은 들으시는 것 같지 않았고 사태는 악화되어 갔습니다. 그러나 어떤 날 그녀의 오빠가 구원 받을 것을 그녀가 알았다고 선언했습니다. 그녀는 큰 확신에 차있는 듯 보였습니다. 그녀는 어디로부터 이런 확신을 얻었습니까? 불의한 재판장이 자기의 대적을 보복해 줄 것을 탄원하는 과부의 이야기를 그녀가 읽었기 때문입니다. 그녀는 말하기를 "하나님은 내가 그를 충분히 성가시게 한 적이 없었음을 내게 보여주셨습니다. 아침 일찍이 나는 하나님께서 내 오빠를 구해주시도록 구하겠다. 정오에 나는 내 오빠의 구원을 위해 다시 기도하겠다. 저녁 때 나는 다시 이것을 하나님께 상기시켜 드리겠다. 내가 낮이나 밤이나, 새벽부터 저녁까지 기도하면, 하나님께서 어떤 날 나 때문에 너무 지치셔서 그래 내가 네 오빠에게 구원을 주겠다라고 말씀해주실 것이다. 나는 이렇게 기도하기로 결심했다. 그러니까 나는 내 오빠가 구원받을 것을 안다"라고 했습니다. 이 자매는 누가복음 18장 5절을 실제로 파악했던 것입니다.

솔직히 말하면, 이 자매는 겁이 많은 사람입니다. 그러나 지금 그녀는 대단히 담대합니다. 그녀는 하나님께서 그녀의 오빠를 구해주는 일 외에 아무 일도 하실 수 없게 할 만큼 하나님을 번거롭게 했습니다. 일주 후에 그의 오빠는 구원을 받았습니다! 그녀가 성경에서 받은 빛은 엄청났습니다. 그녀 본연의 힘으로는 할 수 없었던 일을 하늘의 빛은 할 수 있었습니다. 그녀는 "침노하는" 사람으로 변화되었던 것입니다.

그러므로 당신이 무언가를 구하려고 하면, 당신은 하나님을 번거롭게 하는 법을 배우지 않으면 안됩니다. 만약 당신이 구한 것을 당신 자신이 잊어버린다면, 하나님께서 당신의 기도를 들어주실 것을 어떻게 당신이 기대할 수 있겠습니까? 만약 당신의 필요가 실질적이라면, 당신은 항상 기도하고 낙심하지 않을 것입니다. 하나님께서 당신의 기도를 들어주시지 않으면 않될 때까지 기도하십시오.

제 19일 「포기하지 말라」의 주와 묵상 내용:

....
....
....
....
....
....
....
....
....

제 3 부

하나님의 능력

제20일

기도의 세 국면

모든 기도와 간구로 하되 무시로 성령 안에서 기도하고 이를 위하여 깨어 구하기를 항상 힘쓰며 여러 성도를 위하여 구하고(엡 6:18).

기도는 세 가지 국면을 띱니다. 첫째로, 우리들 자신과, 둘째로 우리가 기도 드리는 바 하나님, 셋째로 우리의 대적 사탄입니다. 참된 기도는 모두 이 세 가지 국면과 관련됩니다. 기도할 때, 우리는 우리 자신의 복지를 위하여 기도하게 됩니다. 우리는 필요한 것들과 기대되는 것들을 갖고 있기 때문에 기도를 합니다. 우리는 우리의 요망 사항을 달성하기 위하여 기도합니다. 그렇더라도, 참된 기도에서 우리는 자신의 복지와 관계된 것들에 대해서만 기도해서는 안되며, 하나님의 영광과 땅 위의 하늘의 통치를 위해서도 기도해야 합니다. 기도의 응답을 받을 때에 기도하는 우리가 즉각 유익 수

혜자로서 유익을 얻더라도, 동시에 영적 영역의 실상에 따라 주께서 영광을 받으시고 그의 뜻이 행하여짐을 보게 됩니다. 기도의 응답은 주께 많은 영광을 돌리게 됩니다. 그의 자녀들의 요구를 이루어주심에서 그의 사랑과 능력이 지극히 크심을 보게 되기 때문입니다. 기도 응답은 또한 그의 뜻이 이루어짐을 보여줍니다. 그의 뜻과 일치되지 않는 기도는 응답해주지 않으실 것이기 때문입니다.

간구자는 우리이고, 간구를 받으시는 이는 하나님이십니다. 성공적 기도에서는 간구자와 간구 받으시는 이가 모두 유익을 얻습니다. 간구자는 그의 마음의 소원을 얻고, 간구 받으시는 이는 그의 뜻이 이루어지게 됩니다. 우리가 이것을 길게 설명할 필요는 없겠습니다. 기도를 얼만큼 경험한 주의 충성된 자녀들은 모두 기도에서 이 두 국면의 관계를 알고 있기 때문입니다. 그러나 우리가 지금 신자들에게 상기시키고 싶은 것은 만약 기도에서 우리가 하나님과 사람 사이의 이 두 국면에만 마음을 쓴다면, 우리의 기도는 불완전하다는 것입니다. 그 기도가 아주 효과적일지라도, 성공 안에도 실패가 있는 것입니다. 우리는 아직 기도의 참된 의미에 숙달되지 못했기 때문입니다. 모든 영적 신자들이 기도와 하나님의 영광과 그의 뜻 사이에 확고한 절대적 관계가 있음을 알고 있는 것은 틀림없습니다. 기도는 우리 자신의 유익만을 위한 것은 아닙니다. 이런 지식은 아직 불완전한 것입니다. 또한 세 번째 국면을 주목하지 않으면 안됩니다. 주님께 기도할 적에 우리가 구하는 것과 하나님께서 약속하시는 것은 틀림없이 그의 적을 해치게 될 것입니다.

우리는 우주의 치리자가 하나님이심을 압니다. 그러나 사탄은 "이 세상 임금"(요14:30)이라고 불리웁니다. "온 세상은 악한 자 안에 처한 것"이기 때문입니다(요일 5:19). 이런 까닭에 이 세상에는 두 정반대되는 적대 세력이 각기 우위를 도모하고 있음을 보게 되는 것입니다. 진리의 하나님이 궁극적 승리자이십니다. 그렇지만 천년 왕국 이전의 우리의 이 시대에는 세상에서 사탄이 하나님의 일과 뜻과 관심을 반대하기 위해 힘을 계속 불법 사용하고 있습니다. 하나님의 자녀들은 하나님께 속해 있습니다. 우리가 그의 손에서 무엇이든 얻는다면 그것은 당연히 그의 적의 패배를 의미할 것입니다. 우리가 얻는 이득의 분량은 하나님의 뜻이 이루어지는 분량이 됩니다. 그리고 하나님의 뜻이 행하여지는 분량은 차례로 사탄이 당하는 손실의 분량이 되는 것입니다.

우리는 하나님께 속해있으므로 사탄은 우리를 좌절시키고, 괴롭게 하고, 억압하려고 하고, 우리에게 발판을 허용하지 않으려고 합니다. 이것이 사탄의 목표이지만 우리가 하나님의 보호와 돌보심을 구하며, 주 예수님의 귀중한 피로 은혜의 보좌에 나아갈 수 있기 때문에 사탄의 목표는 이루어질 수 없습니다. 하나님께서 우리 기도를 들으시기 때문에, 사탄의 계획은 확실히 실패합니다. 우리 기도를 응답하심에서 하나님은 사탄의 악한 의도를 좌절시키시므로 따라서 사탄은 그의 이런 계획에 따라 우리를 학대할 수 없습니다. 우리가 기도에서 얻는 것은 무엇이든 적의 손실이 됩니다. 그러므로 우리의 얻음과 주의 영광은 사탄의 손실에 반비례하는 것입니다. 한 쪽이 얻으면 다른 쪽은 잃습니다. 한 편이 잃으면 다른 편이 얻습니다. 이것을 감안할 때, 우리는 기도에서 우리 자신의 복지와 하나님의 영광과 뜻을 고려할 뿐만 아니라, 세 번째 국면인 우리의 대적, 사탄에 관계되는 국면을 보게 되는 것입니다. 이 세 가지 국면들을 고려하지 않는 기도는 천박하며, 가치가 적으며, 많은 것을 성취하지 못합니다.

그렇더라도, 기도에서 세 번째 국면 곧 사탄의 국면을 고려하는 기독교인들은 매우 드뭅니다. 참 기도의 목적은 개인적 획득(얻음)만이 아니라(가끔 이 국면은 생각조차 하지 않습니다) 더 중요한 것으로서 하나님의 영광과 적의 손실도 고려합니다. 자기네 복지를 가장 중요한 사안으로 간주하지 않는 것입니다. 그 대신 그들은 기도가 사탄으로 하여금 손실을 당하게 하고, 하나님께서 영광을 받으시게 하면 그들의 기도가 크게 성공한 것으로 생각합니다. 기도에서 그들이 모색하는 것은 적의 손실입니다. 그들의 시야는 그들 눈앞의 환경에 제한되지 않고 전 세계를 통한 하나님의 사역과 뜻을 그들의 시각으로 받아들입니다. 그렇다고 그들이 하나님과 사탄의 국면만을 생각하고, 기도의 개인적 국면을 전혀 잊어버리라고 하는 것은 아님을 덧붙여 말해야 하겠습니다. 실제 문제로서, 하나님의 뜻이 이루어지고 사탄이 손실을 당할 때는 그들 자신이 틀림없이 이득과 도움을 받을 것입니다. 한 성도의 영적 발전은 따라서 그의 기도에서 나타나는 강조점에 따라 판단될 수 있을 것입니다.

누가복음 18장 1-8절에 기록된 비유에서 지금까지 말해오고 있는 기도의 세 가지 특징을 우리 주 예수께서 모두 언급하시고 있습니다. 이것과 관련해서 이 비유에서 세 사람이 진술되고 있음을 주목합시다. 첫째로 재판관과, 둘째로 과부와, 셋째로 원수입니다. 재판장은(부정적 측면에서) 하나님을 묘사하고 있고, 과부는 오늘의 교회 또는 개개의 충성된 기독교인을 상징하고 있고, 원수는 우리의 대적 마귀를 묘사하고 있습니다. 비유를 설명할 때, 우리는 재판장과 과부의 관계에만 자주 주목합니다. 우리는 하나님을 두려워하지도 않고 사람들을 존경하지도 않는 이 재판장이 마침내 그 과부가 끝없이 찾아오기 때문에 그 원한을 풀어주는 것을 주목하게 됩니다. 그리고 우리 하나님은 이 재판장처럼 전혀 미덕이 없는 분이 아니시기 때문에, 우리가 기도하면, 신속하고 확실히 우리의 원수를 갚아 주시지 않겠습니까? 우리가 이 비유에서 설명하려는 것은 이것입니다.

　하지만 이 비유에서 또 하나 중요한 인격체를 등한시하고 있다는 사실을 아는 사람은 많지 않습니다. 만약 원수가 없다면, 이 과부가 재판장에게 갈 필요가 있겠는가 생각해 봅니다. 하지만 과부는 자기가 원수에게 괴롭힘을 받고 있기에 재판장을 찾지 않을 수 없게 내몰리고 있습니다. 특히, 이 과부가 재판장에게 사용하는 낱말들을 생각해 볼 때 이 대적이 이 이야기에서 차지하는 위치를 인식하지 않을 수 없습니다. 간결하게 다루기 위하여 성경은 단순히 다음과 같은 몇 마디 말씀만을 기록하고 있습니다. "내 원수에 대한 나의 원한을 풀어주소서." 그러나 이 짧은 한 문장에 얼마나 많은 내용이 들어 있습니까! 이 문장은 가장 고통스런 상황에 대해 말하고 있지 않습니까? 원한을 요청한다는 사실은 악들이 존재함을 보여줍니다. 그런 악들과 불만의 원인들이 어디서 옵니까? 피고의 학대와 고난으로부터 오는 것, 즉 대적으로부터 오는 것 외에 다른 것이 아니며, 따라서 그 자와 과부 사이에 존재하는 깊은 적의와 원한이 드러나 있는 것입니다. 이 말씀은 또한 이 과부가 원수의 손에서 받는 호된 괴로움에 대해서도 말씀해주고 있습니다. 재판장 앞의 과부의 호소는 그녀의 과거 경험들과 그녀의 현재 상황의 복창인 것이 틀림없습니다. 과부의 요청은 그 원수를 법에 따라 처벌하여 그녀에게 가해진 악들을 재판장이 복수해 주기를 바란다는 것입니다.

한 가지 의미에서 이 대적은 이 비유의 중심인물 입니다. 그 없이는 재판장이 사법적 처리를 가져와야 할 권리 침해가 없었을 것이며, 과부가 괴롭힘을 받지도 않았을 것이며, 그녀가 물론 아주 마음 편하게 살았을 것입니다. 원수가 아니었다면, 틀림없이 어떤 이야기도 비유도 없었을 것입니다. 모든 괴로움을 일으키는 그 자는 이 원수입니다. 그는 모든 혼란과 고통을 부추기는 자입니다.

제 20일 「기도의 새 국면」의 주와 묵상 내용:

제21일

기도는 교회의 사역

내 집은 만민이 기도하는 집이라 일컬음이 될 것임이라. (이사야 56:7)

　　교회의 기도 사역은 하늘의 영향을 가져오기 위해 땅 위에서 기도한다는 것입니다. 마태복음 18장에 기록된 것 같은 기도는 헌신적 기도나, 사사로운 개인 기도에는 분명 포함되어 있지 않습니다. 우리가 하나님께 구하고, 하나님께서 우리에게 응답하시는 바 개인적 필요들이 빈번한 것이 사실입니다. 개인 기도를 위한 상황도 있습니다. 이렇게 우리는 하나님의 가까우심을 감지할 때가 많습니다. 감사하게도 하나님께서 우리의 헌신적 기도를 들으시는 것입니다. 이 헌신 기도 역시 무시해서는 안됩니다. 형제나 자매의 기도가 응답받지 못한 상태로 계속 되거나, 한 사람이 하나님의 가까우심을 느끼지 못한다면 무언가가 잘못되었음을 우리는 인정하기도 하는 것입니다. 우리는 헌신적 기도는 물론 개인 기도에 주의를 기울여야 합니다. 특히 초 신자들의 경우 그들의 개인적, 헌신적 기도가 부족하면 그들은 그들 앞에 있는 경주를 달릴 수 없을 것입니다.

그렇더라도, 기도는 개인적 용도만을 위한 것도, 헌신적 목적만을 위한 것도 아님을 알아야 합니다. 기도는 사역이며, 기도는 일입니다. 땅 위의 이 기도는 교회의 일인 동시에 사역입니다. 교회의 기도는 하늘의 출구이기 때문에 하나님 앞에 갖는 교회의 책임입니다. 교회의 기도란 무엇입니까? 하나님께서 어떤 일을 하시고자 원하시면, 땅 위의 교회는 이 일을 위해 미리 기도하여 그 일이 땅에서 실현되고 이로써 하나님의 목적이 성취되기 위한 것입니다.

교회의 사역은 그리스도의 몸의 사역이며, 이 사역은 곧 기도입니다. 이런 사역은 헌신적 목적도, 개인적 필요를 위한 것도 아닙니다. 그것은 더욱 "천국"을 위한 것입니다. 여기 이런 기도가 의미하는 것은 우리 앞의 실례가 보여주는 바와 같이 다음과 같습니다(마태복음 18:15-20을 보십시오). 여기에 한 형제의 설득과, 두, 세 명의 다른 형제들의 권면(충고)과, 끝으로 교회의 판단에 귀를 기울이지 않음 때문에 친교를 상실한 사람이 있습니다. 그러므로 하나님께서 그에게 판단(심판)을 풀어 그가 이방인과 세리로 생각되게 하실 것입니다. 하지만 하나님께서 즉각 행동하시지는 않고, 교회가 이 목적을 위해 기도하기까지 기다리실 것입니다. 그런 다음, 하나님은 하늘에서 이 일을 이루실 것입니다. 만약 교회가 땅 위에서 이같이 기도할 책임을 떠맡지 않는다면 교회는 마침내 이 범죄한 사람의 영적 생명이 그가 그 후 하나님과의 어떤 관계도 없는 듯 바짝 메마르기 시작하는 것이 눈에 띌 것입니다. 하나님께서 이 일을 떠맡으시겠지만, 하나님은 교회가 기도하기를 기다리실 것입니다.

많은 문제들이 하늘에 쌓여있고, 많은 업무 처리사항이 미결 상태로 남아있는 것은, 하나님께서 땅 위에서 그의 출구를 찾을 수 없으시기 때문입니다. 교회가 하나님의 목적을 실현하기 위해 하나님 편에 서려는 교회가 자유 의지를 행사하지 않기 때문에 하나님께서 하실 수 없는 미결 문제들이 하늘에 얼마나 많이 있는지 누가 알겠습니까? 교회가 떠맡을 수 있는 교회의 가장 숭고한 사역, 가장 위대한 임무가 하나님의 뜻을 위한 출구가 되는 것임을 깨달읍시다. 하나님의 뜻을 위한 출구가 되기 위해서 교회는 기도해야 합니다. 그런 기도는 단편적인 미완의 것이 아니며, 그런 기도는 기도의 사역 곧 사역으로서의 기도인 것입니다. 하나님께서 백성들에게 자기의 뜻을 볼 수 있도록 비젼을 주시고, 그들의 눈을 열어주심에 따라 백성은 기도하러 일어서게 되는 것입니다.

주님은 여기서 개인 기도는 부적당함을 우리에게 보여 주십니다. 기도하는 일은 최소한 두 사람이 필요합니다. 우리가 이 사실을 보지 못한다면, 주께서 하시는 말씀을 우리는 알 수 없게 될 것입니다. 요한복음의 기도들은 모두 개인적입니다. 이런 까닭에 "...내 이름으로 아버지께 무엇을 구하든지 다 받게 하려 함이라"(요 15:16하반) 같은 말씀을 보게 되는 것입니다. 사람의 숫자에 대하여는 어떤 조건도 규정한 일이 없습니다. 그러나 마태복음 18장에서는 수적 제약이 있습니다. 즉 최소한 두 사람입니다. "너희 중에 두 사람이 땅에서..."라고 주께서 말씀하십니다. 적어도 두 사람이 있을 필요가 있습니다. 이 문구에서 우리는 친교의 문제를 갖기 때문입니다. 하나님의 출구로 쓰이는 것은 한 사람이 행하는 그 무엇이 아니며, 한 사람이 아니라 두 사람입니다.

교회의 원칙은 두 사람의 원칙이며, 이것은 그리스도의 몸의 원칙이기도 합니다. 이런 기도는 두 사람이 하는 것이더라도, "일치하는 것"이 필수불가결 합니다. 일치하는 것은 조화된다는 뜻입니다. 이 두 사람이 조화되지 않으면 안되며, 몸의 입장에 서지 않으면 안되며, 몸의 생명이 무엇인지 알지 않으면 안됩니다. 여기 이 두 사람은 다만 한 가지 목적만을 갖고 있는데, 우리는 하나님의 뜻이 이루어지기를-하늘에서처럼 땅에서도-원합니다 라고 하나님께 말씀드리는 것입니다. 교회가 이런 입장에 서서 이렇게 기도할 때에, 기도한 것은 무엇이든 하늘 아버지께서 이루시리라는 것을 알게 될 것입니다.

우리가 참으로 교회의 기초 위에 서서 하나님 앞에서 이 기도 사역의 책임을 떠맡을 때, 하나님의 뜻이 우리 교회에서 이루어질 것입니다. 그렇찮으면, 그 지교회는 쓸모가 없게 될 것입니다. 그러나 소수가 기도하든 다수가 기도하든 그런 기도는 틀림없이 강한 기도가 될 것입니다. 오늘 하나님의 일하심의 크기는 교회의 크기에 좌우됩니다. 하나님의 능력의 나타남은 교회의 기도를 초과하지 못할 것입니다. 오늘 하나님의 능력의 크기는 교회의 기도의 크기에 한정됩니다. 물론 이것이 하늘의 하나님의 능력이 그 정도일 뿐이고, 그 이상은 아니라는 의미가 아닙니다. 하늘의 하나님의 능력은 분명히 무한하기 때문입니다. 오늘 오직 땅 위에서만 그의 능력의 나타남이 교회가 얼만큼 기도하는가에 의존한다는 것입니다. 오직 교회의 기도에 의해서만 하나님의 능력의 나타남이 측정될 수 있다는 것입니다.

이것을 감안할 때, 교회는 큰 기도들을 기도해야 하며, 큰 요구를 드려야 합니다. 교회가 그렇게 풍성하신 하나님 앞에 올 때 어떻게 작은 요구들을 아뢸 수 있겠습니까? 교회의 역량이 제한되어 있으면, 하나님의 능력의 나타남을 제약하지 않을 수 없습니다. 이기는 자들의 문제가 아직 충분히 해결되지 않았고, 사탄이 무저갱 속으로 던져지지 않았음을 깨달읍시다. 그러므로 하나님께서는 그분을 증언하기 위하여 그의 모든 일들을 하기 위한 그릇을 손에 넣으셔야만 합니다. 하나님을 나타내기 위하여 교회는 엄청나게 큰 기도들을 기도할 필요가 있습니다. 따라서 이것이 교회의 기도 사역입니다.

형제·자매님들, 하나님께서 우리의 기도 모임에 찾아오셔서 교회가 기도사역을 참으로 수행하고 있음을 확인하실 수 있으실런지 우리는 의아스럽습니다. 문제는 기도를 몇 번 하는가가 아니라, 기도에 무게가 실려 있는가의 문제입니다. 우리가 교회의 기도의 책임을 진정으로 볼 수 있다면, 우리 기도가 얼마나 부적절한가, 우리가 하나님께서 하시고자 하는 모든 것을 얼마나 제약하고, 지장을 주었는가를 고백하지 않을 수 없습니다. 교회는 기도사역에서 실패해 온 것입니다! 이런 상황은 얼마나 애석한 일입니까!

하나님께서 각 교회의 교회사역에 충성된 교회를 가지실 수 있는가 없는가는 백성들 무리가 하나님 앞에서 자신들을 부적격자로 만드는가, 아니면 하나님의 목적을 실현함에서 하나님의 참된 그릇들이 되는가에 달려 있습니다. 우리는 하나님께서 찾고 계시는 것이 자기네 사역에 대한 각 교회의 충성됨이란 사실을 큰 소리로 외치고 싶습니다. 작은 기도들로 구성되는 평범한 종류의 기도가 아니라, 하나님의 길을 준비하는 종류의 기도인 것입니다. 어떤 일을 하려고 먼저 원하시는 것은 하나님이십니다. 그러나 교회는 기도로서 그 일을 위한 길을 준비해야만 하나님께서 통행하실 길을 가지시게 되는 것입니다. 교회는 큰 기도들을, 맹렬하고, 강한 기도들을 해야 합니다. 기도는 하나님 앞에 가벼운 일이 아닙니다. 기도가 자아와 개인 문제들과 사소한 이득이나 손실에 항상 중심해 있다면, 달성되어야 할 하나님의 영원한 목적을 위한 길이 어디에 있게 되겠습니까? 우리는 이 기도 문제에 있어서 깊은 데로 떠밀려 갈 필요가 있는 것입니다.

제 21일 「기도는 교회의 사역」의 주와 묵상 내용:

....
....
....
....
....
....
....
....
....
....

제22일

땅이 하늘을 좌우한다

진실로 너희에게 이르노니 무엇이든지 너희가 땅에서 매면 하늘에서도 매일 것이요 무엇이든지 너희가 땅에서 풀면 하늘에서도 풀리리라(마 18:18).

"진실로 너희에게 이르노니 무엇이든지 너희가 땅에서 매면 하늘에서도 매일 것이요 무엇이든지 너희가 땅에서 풀면 하늘에서도 풀리리라." 이 구절의 특징은 무엇입니까? 그 특이한 점은 땅 위의 행동이 하늘의 행동을 앞지른다는 것입니다. 하늘이 먼저 맨다는 것이 아니라 땅이 먼저 맨다는 것이며, 하늘이 먼저 푼다는 것이 아니라 땅이 먼저 푼다는 것입니다. 땅이 벌써 그것을 매었기 때문에 하늘도 그것을 맬 것이라는 것입니다. 하늘의 행동은 땅 위의 행동의 지배를 받습니다. 하나님과 반대되는 것은 모두 매일 필요가 있으며, 하나님과 일치하는 것은 모두 풀릴 필요가 있습니다. 그 일이 어떤 것이든, 그것이 매여져야 하는지 풀려야 하는지, 매고 푸는 행동은 땅에서 시작한다는 것입니다. 땅 위의 행동이 하늘의 행동을 앞지릅니다. 땅이 하늘을 좌우하는 것입니다.

땅이 하늘을 어떻게 좌우하는지를 설명하는 구약성경의 실례들을 들어봅시다. 모세가 산 위에서 그의 손을 들면, 이스라엘이 이기고, 그의 손을 내리면 아말렉이 이겼습니다(출 17:9-11참조). 산 아래의 승리나 지배를 누가 결정지었습니까? 그것을 결정한 것이 하나님이셨습니까, 아니면 모세였습니까? 여기서 우리는 하나님의 일하시는 원칙, 곧 그 분의 행동의 비밀을 보게 됩니다. 무엇이든 그가 하시려는 것을 사람이 하려고 하지 않으면 하나님께서 그것을 하시려고 하지 않으셨습니다. 하나님께서 원하시지 않는 것을 우리가 하시게 할 수는 없습니다. 그러나 그가 하시고자 하는 것을 하지 못하게 우리가 방해할 수는 있습니다. 하늘에서는 이 문제를 하나님이 결정하시지만, 사람들 앞에서는 이것이 모세에 의해 결정되었습니다. 하늘에서 하나님은 이스라엘 자녀들이 이기기를 원하십니다. 하지만 땅에서 모세가 그의 손을 들지 않으면, 이스라엘이 지게 될 것입니다. 그러나 그가 그의 손을 들어 올리면, 이스라엘이 이길 것입니다. 땅이 하늘을 좌우하는 것입니다.

"주 여호와께서 이같이 말씀하셨느니라. 그래도 이스라엘 족속이 이같이 자기들에게 이루어 주기를 내게 구하여야 할지라. 내가 그들의 수효를 양 떼 같이 많아지게 하리라"(겔 36:37). 하나님께서 한 가지 목적을 갖고 계십니다. 이스라엘 집의 수를 양 떼 같이 늘이시려는 목적입니다. 하나님을 알지 못하는 사람들은 만약 하나님이 이스라엘 집을 양 떼 같이 수효를 늘이시려면, 어째서 하나님이 수를 늘이시지 않는가? 누가 하나님을 대적해 설 수 있는가 라고 말할 것입니다. 그러나 여기에 하나님께서 선언하시는 말씀이 있습니다. 즉 하나님께서 이스라엘 집으로부터 이 문제에 관하여 요청을 받으시면 그가 그들을 위해 이렇게 하실 것이란 것입니다. 이 원칙은 틀림이 없습니다. 즉 하나님께서 한 가지 목적을 벌써 결정하셨지만, 이스라엘 집의 요청을 받으시기까지 하나님은 그 일을 당장, 즉시 행하시지 않을 것입니다. 하나님은 땅이 하늘을 좌우하기를 원하시는 것입니다.

"이스라엘의 거룩하신 이 곧 이스라엘을 지으신 여호와께서 이 같이 이르시되 너희가 장래일을 내게 물으며 또 내 아들들과 내 손으로 한 일에 관하여 내게 명령해라."(이사야 45:11) (한글 개정 개역 성경에는 "명령하려느냐"로, 되어있음. 역주). 이것은 가장 경이로운 진술입니다. 놀랍습니까? 그의 아들들과 그의 사역에 관하여 하나님께서 "너희는 내게 명령해라"("Command ye me")라고 말씀하십니다. 백성들은 이 세 마디를 감히 발설하지 못합니다. "너희는 내게 명령해라." 사람이 어떻게 하나님께 명령할 수 있습니까? 하나님을 아는 사람들은 어떤 외람된 말도 하나님 앞에서 발설해서는 안됨을 압니다. 하지만 하나님 자신이 이 말씀을 우리에게

제의하십니다. "또 내 아들들과 내 손으로 한 일에 관하여 너희는 내게 명령해라." 이것은 땅이 하늘을 좌우한다는 것 외에 다름 아닌 것입니다.

그렇다고 이것이 하나님께서 원치 **않는** 것을 하시도록 우리가 하나님을 강요할 수 있음을 의미하는 것은 아닙니다. 오히려, 하나님께서 **원하시는** 것을 그가 하시도록 우리가 명할 수 있음을 의미할 뿐입니다. 그리고 이것이 우리가 서있는 입장이 될 것입니다. 그것은 우리가 하나님께 "하나님, 우리는 당신께서 이 일을 행하시기를 원합니다. 우리는 당신께서 이 일을 하시고, 당신께서 그렇게 하시지 않을 수 없다고 확신합니다."라고 말할 수 있음이 하나님의 뜻임을 알기 때문입니다. 이런 까닭에, 우리는 강하고 힘찬 기도를 할 수 있게 될 것입니다. 하나님께서 우리 눈을 열어 주셔서 그의 일이 이 세대에서 이루어지는 방식을 볼 수 있기 위하여 우리가 하나님께 얼마나 구해야 하겠습니까? 현 세대 어간의 하나님의 모든 일은 바로 이런 근거에서 이루어집니다. 즉 하늘이 행하기를 소원하지만 하늘은 즉시 행동하지 않을 것입니다. 하늘은 땅에서 먼저 행하기를 기다립니다. 그런 다음 하늘이 그 일을 행할 것입니다. 땅은 이차적 위치에 서더라도 땅이 역시 먼저입니다. 하늘은 땅에서 움직인 후에만 움직일 것입니다. 하나님께서는 땅이 하늘을 좌우하도록 의도하시는 것입니다.

"무엇이든지 너희가 땅에서 매면 하늘에서도 매일 것이요 무엇이든지 땅에서 풀면 하늘에서도 풀리리라"(18절). 여기서 "너희"는 누구입니까? 교회입니다. 앞 절에서 주께서 교회를 언급하시기 때문입니다. 그러므로 이 구절은 17절의 계속입니다. 그러므로, 이 18절의 의미는 이렇습니다. 무엇이든지 너 교회가 땅에서 매면 하늘에서도 매일 것이요, 무엇이든지 너 교회가 땅에서 풀면 하늘에서도 풀리라는 것입니다.

여기에 매우 중요한 원칙이 놓여 있습니다. 즉 하나님은 오늘 교회를 통해 일하십니다. 하나님께서 교회를 통해서 일을 하시지 않는다면 원하시는 것이 무엇이든 하나님이 하실 수 없다는 것입니다. 이것은 가장 엄숙한 원칙입니다. 오늘 하나님께서는 혼자서는 일들을 하실 수 없습니다. 또 다른 자유의지가 존재하기 때문입니다. 이 의지의 협력 없이 하나님은 아무 일도 하실 수 없습니다. 오늘 교회의 능력의 척도는 하나님의 능력의 나타남의 척도인 것입니다. 그의 능력이 지금은 교회를 통해 계시되는 것입니다. 하나님은 자기를 교회에 놓으셨습니다. 교회가 높고 큰 위치에 도달할 수 있으면, 하나님의 능력의 나타남 또한 그런 높고 큰 위치에 도달할 수 있습니다. 교회가 높고 큰 위치에 도달할 수 없으면, 하나님의 능력의 나타남 또한 그처럼 높고 큰 위치에 도달할 수 없는 것입니다.

이 모든 문제는 집 안의 물의 흐름에 비교할 수 있습니다. 수도국의 물탱크가 엄청나게 크더라도 물의 흐름은 그 집의 수도 파이프의 크기(직경)에 한정됩니다. 한 사람이 물의 흐름을 더 많이 얻으려고 하면, 그는 그의 수도 파이프를 큰 것으로 바꿀 필요가 있을 것입니다. 오늘 하나님의 능력의 나타남의 정도는 교회의 역량에 좌우됩니다. 이전의 어느 때에 하나님께서 그리스도 안에서 자기를 나타내셨을 때, 그의 나타나심은 그리스도의 역량처럼 컸습니다. 이렇게 지금 교회 안의 하나님의 나타나심은 마찬가지로 교회의 역량에 한정되는 것입니다. 교회의 역량이 클수록, 하나님의 나타나심도 커지고, 하나님을 아는 앎도 커집니다.

오늘 하나님께서 땅에서 하시는 모든 일들에서 먼저 교회가 그와 함께 서게 하시고, 그런 다음 그가 교회를 통해 일을 하실 것이란 사실을 우리는 볼 필요가 있습니다. 하나님께서는 독자적으로는 아무 일도 수행하지 않으실 것입니다. 오늘 그가 행하시는 것은 무엇이든 교회의 협력을 얻어 하시는 것입니다. 교회는 하나님께서 자기를 나타내시는 그릇인 것입니다.

교회가 수도 파이프와 같다는 사실을 되풀이 하려고 합니다. 파이프가 작으면, 그 원천이 한강물처럼 물이 많더라도, 교회는 많은 물을 운송할 수 없을 것입니다. 하늘의 하나님이 무언가를 하실 작정이십니다. 하지만 하나님은 땅 위의 움직임이 있기까지 그 길을 수행하시지 않을 것입니다. 하나님께서 하늘에서 매고 풀고 싶어 하시는 일들이 얼마나 많습니까! 하나님과 상반되는 사람들과 일들이 아주 많습니다. 하나님은 이것들을 모두 매실 작정이십니다. 영적이고, 가치 있고, 유익하고, 성화되고, 하나님으로 말미암은 사람들과 일들도 많습니다. 하나님은 이 사람들과 일들을 푸시려고 하십니다. 그러나 바로 여기에서 문제가 일어납니다. 즉 하나님께서 매고 싶어 하시는 것을 먼저 매고, 그가 푸시려는 것을 푸는 사람이 땅에 있겠는가? 하는 것입니다. 하나님은 땅이 하늘을 좌우하게 하시려고 합니다. 하나님은 땅 위의 그의 교회가 하늘을 좌우하기를 바라십니다.

이것은 하나님이 전능하시지 않다는 의미가 아닙니다. 하나님은 전능하십니다. 그러나 하나님의 전능하심은 통로를 통해서만 땅 위에 나타날 수 있습니다. 우리는 하나님의 능력을 증가시킬 수 없고, 그 능력을 강화시킬 수는 없지만, 가로막을 수는 있습니다. 사람은 하나님의 능력을 증가시킬 수 없습니다. 그렇지만 방해할 수는 있습니다. 우리는 하나님께서 원하시지 않는 것을 하시도록 하나님께 구할 수 없지만, 하나님께서 하시고자 하시는 것을 하시지 못하게 하나님을 제약할 수는 있습니다. 참으로 이 사실을 보십니까? 교회는 하나님의 능력을 관리할 능력을 갖고 있습니다. 교회는 하나님이 원하시는 것을 하나님이 하시도록 허용할 수도 있고, 그 일을 하지 못하게 방해할 수도 있는 것입니다.

우리 눈은 미래를 잠시 내다볼 필요가 있습니다. 어떤 날 하나님께서 그의 교회가 새 예루살렘이 되도록 확장시키실 것이며, 그때에는 그의 영광이 어떤 어려움도 없이 교회를 통하여 충만히 나타날 것입니다. 오늘 하나님께서는 하늘에서 푸시기 전에 교회가 땅 위에서 먼저 풀기를 바라십니다. 하나님이 하늘에서 매시기 전에 교회가 땅 위에서 먼저 매기를 바라십니다. 하늘은 여러 가지 일들을 시작하지 않을 것입니다. 하늘은 다만 교회의 일을 따를 뿐일 것입니다. 하나님은 먼저 시작하시지 않을 것입니다. 하나님은 일하심에서 다만 교회를 따르게 되실 것입니다. 사실이 그렇다면, 오오, 교회는 얼마나 엄청 큰 책임을 지고 있습니까!

제 22일 「땅이 하늘을 좌우한다」의 주와 묵상 내용:

....
....
....
....
....
....
....
....
....
....

제23일

성령 안에서의 조화

그들이 마음을 같이하여 오로지 기도에 힘쓰니라. (행 1:14 전반)

진실로 너희에게 이르노니 무엇이든지 너희가 땅에서 매면 하늘에서도 매일 것이요 무엇이든지 땅에서 풀면 하늘에서도 풀리리라 진실로 다시 너희에게 이르노니 너희 중에 두 사람이 땅에서 합심하여 무엇이든지 구하면 하늘에 계신 내 아버지께서 저희를 위하여 이루게 하시리라. (마 18:18-20)

우리는 하나님께서 매고 싶으신 것을 교회가 매야하고, 풀고 싶으신 것을 풀어야 한다는 것을 살펴보았습니다. 그렇다면, 교회는 실제로 어떻게 매고 풀어야 합니까? "진실로 다시 너희에게 이르노니 너희 중에 두 사람이 땅에서 합심하여 무엇이든지 구하면 하늘에 계신 내 아버지께서 그들을 위하여 이루게 하시리라"(19절). 앞

절(18절)은 땅과 하늘을 둘 다 강조합니다. 19절도 그렇습니다. 18절은 땅에서 매거나 푸는 것은 무엇이든 하늘이 매고 푼다는 것에 대해 말씀합니다. 19절도 그렇게 하는데, 곧 땅에서 구하는 것은 무엇이든 하늘 아버지께서 그렇게 하실 것이라고 말씀합니다. 주 예수께서 여기서 강조하시는 것은 단순히 어느 한 가지를 구하는 일에만 일치할 뿐만 아니라, 그들이 구하는 것은 무엇이든 땅에서 일치해야할 것을 강조하신다는 것을 주목하십시오. 주는 두 사람이 어떤 것에 대해 땅에서 일치하고 난 다음 그것을 구한다는 뜻으로 말씀하시지 않습니다. 그렇습니다. 주 예수께서는 만약 너희가 모든 것에 일치하면, 어떤 **특정한** 것을 구하더라도 하늘에 계신 내 아버지께서 그들을 위해 이루어 주실 것이라고 말씀하시는 것입니다. 이것이 몸의 하나 됨 입니다. 또는 성령 안에서 하나 됨 이라고 말할 수도 있습니다.(주: 여기의 의미는 두 사람 사이에 관한 문자적 일치가 아니라, 저자가 그 이하 문구들에서 서술하는 바와 같이 성령 안에서의 조화를 가리킵니다.)

어떤 사람의 혈육이 처리되지 않았으면, 그는 자기를 슈퍼맨이라고 생각 할 것입니다. 그가 생각하기로는 하늘이 그의 말을 듣지 않으면 안된다고 보기 때문입니다. 그렇지가 않습니다. 당신이 성령의 하나 됨에 있지 않다면, 기도는 성령의 조화 속에 있지 못하며, 성령의 하나 됨에서 기도하고 있지 못한다면, 하늘이 당신의 말을 조금이라도 들으실 것인지 살펴보십시오. 당신은 기도를 할 것입니다. 그러나 하늘은 당신이 매는 것을 매지 않을 것이며, 당신이 푸는 것을 풀지 않을 것입니다. 이것은 당신 스스로 할 수 있는 것이 아닙니다. 만약 당신이 그것을 혼자 할 수 있다고 생각한다면, 당신은 어리석은 생각을 하고 있음이 분명합니다. 주께서 이렇게 선언하고 계신 것입니다. "너희 중의 두 사람이 땅에서 합심하여 무엇이든지 구하면 하늘에 계신 내 아버지께서 그들을 위하여 이루게 하시리라"(19절). 이것은 당신네 두 사람이 어떤 문제, 모든 문제에 대하여 조화가 될 것을-음악이 하모니가 되듯-의미합니다. 그러면 여러분이 무슨 항목을 구하든지, 하늘 아버지께서 여러분을 위해 이루어주실 것이란 뜻입니다. 이렇게 구하기 위해서는 기도하는 사람들 속에 성령의 역사가 필요합니다. 즉 내가 한 형제로서 하나님으로 말미암아 내가 나의 모든 욕망을 부정하여 주께서 원하시는 것만을 원하게 될 지점에 오고, 다른 형제도 이와 같이 성령에 의하여 그의 모든 소원을 부정하는 지점에 와서 주께서 원하시는 것만을 소원하는 지점에 올 때를 의미하는 것입니다. 나와 그가, 그와 내가 음악의 하모니처럼 조화되는 지점에 오는 것입니다. 그럴 때 우리가 구하는 것이 무엇이든, 하늘의 하나님은 우리를 위해 이루실 것입니다.

형제님들, 우리가 단순히 기도의 한 항목에 일치하는 것만으로 (성령 안의 앞서의 조화 없이) 우리 기도가 응답받을 것이라고 상상하지 마십시오. 이런 생각을 하는 사람들은 자주 많은 갈등을 갖습니다. 단순히 같은 목적을 갖는다고 불화가 없음을 보장해주는 것은 아닙니다. 두 사람이 복음을 전파하고 싶어 할지는 모릅니다. 그러나 그들 사이에 여전히 다툼이 있을지 모릅니다. 두 사람이 다른 사람들을 전적으로 돕고 싶어 할지는 모릅니다. 그럼에도 서로 마찰을 빚습니다. 목적이 같다고 해서 반드시 조화를 의미하는 것은 아닙니다. 혈육에는 조화의 가능성이 없음을 알아야 합니다.

오직 우리의 생득적 삶이 주님께 처리를 받고 우리가 성령으로 살아가기 시작할 때에만(내가 그리스도 안에 살고, 당신이 그리스도 안에 살 때) 우리는 줄곧 조화를 갖게 될 것이며, 정해진 문제에 일치해서 기도할 수 있게 될 것입니다.

그렇다면, 여기에 한 가지 일에 두 국면이 있다고 하겠습니다. 첫째는, 모든 것에 조화를 이루어 하나가 되는 것과, 둘째로는, 어떤 것에 대해서도 기도하는 것입니다. 우리는 하나님으로 말미암아 이런 위치에 도달할 필요가 있습니다. 그리스도의 몸을 떠나서는 기독교적 조화를 찾을 수 있는 곳이 없습니다. 조화는 그리스도의 몸 안에 있습니다. 오직 거기에만 갈등이 없고, 오직 거기에만 조화가 있습니다. 우리의 생득적 삶이 주님께 처리되고 우리가 그리스도의 몸이 무엇인지 진정으로 알게 될 때, 그때에 우리는 조화 안에 있으며, 함께 하는 우리의 기도도 또한 조화될 것입니다. 우리는 조화의 터전 위에 서있기 때문에, 어떤 특정 문제에서도 일치를 보입니다. 우리가 보는 것에 조화가 되므로, 우리는 하나님의 뜻의 대변자가 될 자질을 갖추게 되는 것입니다. 형제자매님들, 여러분이 어떤 문제를 위해 기도할 때, 만약 여러분이 다른 의견을 갖고 있으면, 잘못을 범하지 않도록 조심하십시오. 온 교회가 함께 모여 그 문제에 일치를 보일 때에만, 하늘이 그 일을 하시려는 것임을 알게 됩니다. 그러므로 이런 이유 때문에, 우리는 교회를 신뢰합시다.

맨 먼저 할 일은 기도가 아니라는 것을 기억합시다. 기도는 다만 조화의 뒤를 따릅니다. 교회가 땅 위에서 이 같은 기도 사역을 갖기로 소원한다면, 각각 모든 형제와 자매들은 주 앞에서 혈육의 삶을 부인하는 법을 배우지 않으면 안됩니다. 그렇찮으면 교회는 능력을 발휘하지 못할 것입니다. 주 예수께서 여기서 우리에게 주시는 말씀은 매우 놀랍습니다. 주는 여기서 너희가 내 이름으로 기도하면, 아버지께서 들어주실 것이라고 말씀하시지 않습니다. 아버지께서 응답해 주시도록 주가 기도하실 것이라고도 말씀하시지 않습니다. 대신, 주는 선언하시기를, 너희 중에 두 사람이 땅에서 합심하여 무엇이든지 구하면 하늘에 계신 내 아버지께서 그들을 위하여 이루게 하시리라"고 하십니다. 오오! 우리가 진정으로 일치를 보일 때에만 하늘 문이 열리게 될 것입니다!

"두 세 사람이 내 이름으로 모인 곳에는 나도 그들 중에 있느니라"(20절). 여기에 세 번째 원칙이 나오며, 이것은 여러 원칙들 중에서 가장 깊은 것입니다. 18절에서 우리는 한 원칙을 보며, 19절에서 또 한 원칙을, 그리고 20절에서 또 한 원칙을 보게 됩니다. 20절의 원칙은 19절의 그것보다 더 넓습니다. 어째서 19절에서 "너희 중에 두 사람이 땅에서 합심하여 무엇이든지 구하면 하늘에 계신 내 아버지께서 그들을 위하여 이루게 하시리라"라고 하십니까? 그 대답이 20절에 들어 있습니다. "두 세 사람이 내 이름으로 모인 곳에는 나도 그들 중에 있느니라." 이런 큰 능력이 어떤 이유로 땅에 있습니까? 합심해서 기도하는 것이 어째서 그런 엄청난 결과를 가져옵니까? 두 세 사람이 합심해서 기도하는 것에 무엇이 그런 큰 능력이 있습니까? 우리가 주의 이름으로 함께 모이도록 부르심을 받을 때마다, 주 자신이 거기에 계시기 때문입니다. 이것이 일치의 원인입니다. 18절은 땅과 하늘의 관계에 대해 말씀하고, 19절은 땅 위의 조화의 기도에 대해 말씀하고, 20절은 그런 조화의 원인에 대해 말씀하고 있습니다.

모든 것을 통제하시는 이는 주이십니다. 그가 여기서 통제하시고, 깨달음을 주시고, 말씀하시고, 계시해 주시므로, 무엇이든 땅에서 매이게 될 것은 하늘에서도 매일 것이며, 무엇이든 땅에서 풀게 될 것은 하늘에서도 풀릴 것입니다. 주께서 여기서 그의 교회와 함께 일하고 계시기 때문에 그런 것입니다.

우리는 마침내 주 앞에서 우리들 자신을 부인하는 법을 배울 필요가 있습니다. 주가 우리들이 함께 모이도록 부르실 때마다, 우리는 그의 이름을 향하여 돌아서야 합니다. 그의 이름이 다른 모든 이름보다 높기 때문입니다. 우상들은 모두 부셔지지 않으면 안됩니다. 그래야 주께서 우리를 인도하실 것입니다.

형제자매님들, 이것은 감(느낌)이나 이론이 아니라, 실제입니다. 교회가 정상이라면, 매번 모임이 있을 때마다 교회는 주께서 여기에 계신지 여부를 알게 됩니다. 주께서 임재하실 때 교회는 부요하고 강해집니다. 그런 때에는 교회가 맬 수도, 풀 수도 있습니다. 그러나 주께서 그 가운데 계시지 않으면, 교회는 아무 것도 할 수 없습니다. 교회만이 그런 능력을 소유합니다. 개인은 자기 안에 이런 능력을 갖고 있지 못한 것입니다.

제 23일 「성령 안에서의 조화」의 주와 묵상 내용:

....
....
....
....
....
....
....
....
....
....

제24일

권세 있는 기도

> 내가 진실로 너희에게 이르노니 누구든지 이 산더러 들리어 바다에 던지우라 하며 그 말하는 것이 이룰 줄 믿고 마음에 의심치 아니하면 그대로 되리라(막 11:23).

성경에서 가장 높고, 가장 영적인 종류의 기도를 찾아볼 수 있습니다. 하지만 그런 기도를 주목하거나 드리는 사람은 매우 적습니다. 그것이 무엇입니까? 그것은 "권세있는 기도"입니다. 우리는 찬양의 기도, 감사의 기도, 간청의 기도, 중보기도 등을 알고 있지만, 권세의 기도에 대해서는 잘 모르고 있습니다. 권세 있는 기도는 말씀에서 가장 의의 있는 위치를 잡고 있는 기도입니다. 그것은 권세를 의미하지만, 권세 있는 명령도 의미합니다.

우리가 기도의 사람들이 되면, 이 권세 있는 기도를 배우지 않으면 안됩니다. 이것은 주께서 마태복음 18장 18절에서 언급하시는 기도 유형, 곧 "무엇이든지 너희가 땅에서 매면 하늘에서도 매일 것이요 무엇이든지 땅에서 풀면 하늘에서도 풀리리라"입니다. 여기에 매는 기도와 푸는 기도가 있습니다. 하늘의 움직임이 땅의 움직임을 따르고 있습니다. 하늘이 땅 위의 말에 귀를 기울이고, 땅 위의 명령에 따라 행동합니다. 땅에서 매인 것은 무엇이든 하늘에서도 매일 것이며, 땅에서 풀리는 것은 하늘에서도 풀릴 것입니다. 그것은 땅에서의 간청이 아니라 땅 위에서 매는 것이며, 그것은 땅에서의 간청이 아니라 땅에서의 풀림입니다. 이것이 권세 있는 기도입니다.

이런 표현을 이사야 45장 11절에서 찾아볼 수 있습니다. 곧 "너희는 내게 명령해라"입니다. 어떻게 우리가 감히 하나님께 명령합니까? 이것은 너무 이치에 어긋나며 너무 주제넘은 것이 아닙니까? 그러나 하나님 자신이 이것을 말씀하시고 있습니다. 틀림없이 우리는 혈육이 여기에 조금도 끼어들도록 허용해서는 안됩니다. 그럼에도 우리는 일종의 명령하는 기도가 있음을 여기서 보게 됩니다. 하나님의 관점에 의하면 우리는 그에게 명령할 수 있는 것입니다. 이런 기도는 특별히 모든 기도인들(기도를 배우는 학생들)이 배울 필요가 있는 것입니다.

우리 시대에 그런 명령의 기도는 기독교인에게 그 기원을 어디에 두고 있습니까? 그것은 주님이 승천하실 때에 그 기원을 두고 있습니다. 승천은 기독교인의 삶과 매우 많은 관계를 갖고 있습니다. 그것은 어떤 관계입니까? 승천은 우리에게 승리를 줍니다. 그리스도의 죽음이 아담 안의 우리의 옛 창조를 해결해줌 같이, 그리고 부활이 우리를 새 창조로 이끌어줌과 같이, 승천은 사탄의 면전에서 우리에게 새 위치를 줍니다. 이것은 하나님 앞의 새 위치가 아닙니다. 하나님 앞의 새 위치는 주의 부활로 이미 획득되었습니다. 그렇지만, 우리의 새 위치가 그리스도의 승천을 통하여 사탄 앞에서 확보된 것입니다.

에베소서의 이 말씀을 주목하십시오. "그의 능력이 그리스도 안에서 역사하사 죽은 자들 가운데서 다시 살리시고 하늘에서 자기의 오른편에 앉히사 모든 통치와 권세와 능력과 주권과 이 세상 뿐 아니라 오는 세상에 일컫는 모든 이름 위에 뛰어나게 하시고 또 만물을 그의 발 아래에 복종하게 하시고..."(엡 1:20-22전반). 그리스도께서 하늘로 올라가실 때 그가 하늘로 가는 한 길을 열어주셨으므로 이후부터 그의 교회도 땅에서 하늘로 올라갈 수 있게 된 것입니다. 우리의 영적 원수가 공중에 거하는 것을 우리는 압니다. 그러나 오늘 그리스도는 벌써 하늘에 올라가 계십니다. 그러므로 새 길이 땅에서 하늘까지 열리게 됐습니다. 이 길이 전에는 사탄에게 봉쇄되어 있었으나 이제 그리스도께서 그 길을 여셨습니다. 그리스도는 지금 모든 통치와 권세와 능력과 주권과 이 세상뿐 아니라 오는 세상에 일컫는 모든 이름 위에 뛰어나십니다. 이것이 지금 그리스도의 위치입니다. 환언하면, 하나님은 사탄과 그의 부하들을 그리스도에게 복종하게 하셨습니다. 그렇습니다. 하나님께서 만물을 그의 발아래에 복종하게 하셨습니다.

승천의 의의는 죽으심과 부활의 의의와는 아주 다릅니다. 후자가(죽음과 부활) 구속을 위한 것이라면, 전자(승천)는 전투를 위한 것, 즉 그의 죽으심과 부활이 성취한 것을 집행한다는 것입니다. 승천은 새 위치를 나타내 줍니다. 하나님께 감사하리로다. 그가 "또 (우리를) 함께 일으키사 그리스도 예수 안에서 함께 하늘에 앉히시니"라고 하시기 때문입니다(엡 2:6).

권위 있는 기도는 이 하늘의 위치에 기초를 두고 있습니다. 교회는 그리스도와 함께 하늘에 있기 때문에, 교회는 권세의 기도를 드릴 수 있게 된 것입니다.

권세있는 기도란 무엇입니까? 간단히 설명하면, 마가복음 11장에 진술된 기도 유형입니다. 이 진리를 명확히 보기 위하여 23절과 24절을 주의 깊게 읽어봅시다. 24절은 접속어인 "그러므로"로 시작합니다. 그러므로 24절 말씀이 23절 말씀과 접속되어 있습니다. 24절은 기도에 대해 말씀하고 있으므로 23절도 기도에 언급하고 있음이 틀림없습니다. 여기서 이상하게 보이는 점은 23절에서는 그 내용이 여느 기도처럼 보이지 않는다는 것입니다. 23절은 하나님께 "오 하나님, 이 산을 들어서 바다에 던져 주소서"라고 하지 않습니다. 그 대신 그것은 실제로 무엇을 말씀하고 있습니까? "누구든지 이 산더러 들리어 바다에 던져지라"고 기록되었습니다.

우리 마음에 자주 떠오르는 기도 유형은 어떤 것입니까? 우리는 하나님께 기도할 때 "오 하나님, 이 산을 드시어 바다에 던져주시겠습니까?"가 되어야 한다고 생각합니다. 그러나 주는 무언가 아주 다른 것에 대해 말씀하시고 있습니다. 주는 우리가 하나님께 말씀드리라고 권면하시지 않고, 우리가 하나님께 말씀드리지 말고, 산에 대하여 "들리어 바다에 던져지라"고 말하라고 가르치십니다. 우리가 이것을 기도로 생각하지 않을까 해서 주께서 즉시 24절에서 이것도 참으로 기도라고 설명해 주십니다. 여기에 하나님께 향해 드려지지 않은 한 마디가 들어 있습니다. 그러나 그것도 기도입니다. 산을 향하여 말하고 그것이 바다에 던져지라고 명하는 것은 의심할여지 없이 기도입니다. 그리고 이것은 그 성격상 권세 있는 기도입니다. 기도는 하나님께 무언가를 해주시도록 구하지 않고, 문제들을 직접 다루기 위하여 하나님의 권세를 사용하게 되는데, 제거될 필요가 있는 것을 모두 제거하기 위한 것입니다. 이런 기도는 이기는 각자, 모든 이기는 자가 배워야 할 기도입니다. 이기는 자는 모두 산을 향하여 말하는 법을 배우지 않으면 안됩니다.

하나님께서 산을 옮겨주시도록 구하고, 산 그 자체가 움직이도록 명하는 것은 두 가지 서로 전혀 반대되는 것입니다. 하나님께로 와서 하나님이 움직여 주시도록 구하는 것이 그 하나요, 산이 옮겨가도록 직접 명하는 것은 아주 다른 것입니다. 이런 명령의 말이 우리에게 하찮게 여겨질 때가 많습니다. 우리가 하나님의 권세를 가지고 직접 난문제를 향해 "주 예수의 이름으로 나는 네가 나를 떠날 것을 요구한다"고 말하거나, "나는 네가 내 삶 속에 머물러 있는 것을 허락하지 않겠다"라고 말하는 일은 매우 드뭅니다. 권세 있는 기도는 당신을 가로막는 것이 무엇이든 그것에게 "나를 떠나라"고 말하게 될 것이며, 당신의 노기(怒氣)를 향해 "나를 떠나라. 나는 주의 부활 생명으로 일어나겠다"라고 말하게 될 것입니다. 여기서 하나님께 말씀드리지 않고, 직접 장애물인 산을 향해 말하며, "들리어 바다에 던져져라"고 선언하는 것, 이것은 권세 있는 기도입니다.

산들을 향하여 우리가 무심코 우연히 말할 때가 많습니다. 그런 말은 우리가 하나님의 뜻조차도 모르기 때문에 효과가 없을 것입니다. 그러나 하나님이 바라시는 것이 무엇인지 우리가 하나님 앞에 분명히 하고, 의심하지 않으면, 우리는 산들을 향해 이렇게 담대히 말할 수 있을 것입니다. "들리어 바다에 던져지라." 그러면 그 일이 실제로 이루어질 것입니다. 여기서 주는 우리를 명령하는 자들로 임명하십니다. 하나님께서 이미 명령하신 것을 우리가 명령하는 것입니다. 이것이 권세있는 기도입니다.

이런 까닭에, 권세 있는 기도는 하나님께 직접 구하는 것이 아니고 하나님의 권세를 직접 난제에 적용하는 것입니다. 우리들은 각기 산을 갖고 있습니다. 그 크기가 같은 것이 아닐 수 있고, 같은 종류가 아닐 수 있습니다. 그러나 대체로 당신의 영적 진로에서 당신을 가로막는 것이 무엇이든 그것은 당신이 당신으로부터 떠나라고 명령할 수 있는 그 무엇입니다. 이것이 권세 있는 기도입니다.

권세 있는 기도를 아는 사람들만이 기도가 무엇인지를 진정 안다고 하겠습니다. 이기는 자들의 주된 사역은 하늘 보좌의 권세를 땅에 가져오는 일입니다. 오늘 보좌는 하나만 있습니다. 하나님의 보좌입니다. 하나님만이 만물 위에 다스리시고, 통치하십니다. 이 권세를 나누어 가지기 위하여 기도하지 않으면 안됩니다. 우리는 그리스도께서 만물 위로 하늘로 올라가신 것과, 만물이 그의 발아래에 복종한 사실을 볼 필요가 있습니다. 그래야만 만물을 지배하는 이 보좌의 권세를 사용할 수 있게 될 것입니다. 우리 모두 이 권세 있는 기도를 배우지 않으면 안됩니다.

제 24일 「권세 있는 기도」의 주와 묵상 내용:

제25일

매고 풀기

> 이스라엘의 거룩하신 자 곧 이스라엘을 지으신 여호와께서 가라사대 장래 일을 내게 물으라 또 내 아들들의 일과 내 손으로 한 일에 대하여 내게 부탁하라(사 45:11).

권세 있는 기도는 두 가지 관점으로 구분할 수 있습니다. 한 관점은 매는 것이요, 다른 관점은 푸는 것입니다. 땅에서 매는 것이면 무엇이든 하늘에서도 매일 것이요, 땅에서 풀리는 것은 무엇이든 하늘에서도 풀릴 것입니다. 땅에서 행해진 것이 하늘에서도 행해질 것입니다. 이것이 마태복음 18장 18절의 가르침입니다. 19절은 기도와 함께 계속됩니다. 그러므로 매는 것과 푸는 것이 기도를 통해서 행해지는 것입니다. 푸는 기도와 매는 기도가 둘 다 권세 있는 기도입니다. 보통 기도는 하나님께서 매시고 푸시도록 구하는 것이 되겠지만, 권세 있는 기도는 우리가 매고 풀도록 권세를 사용하는 것입니다. 하나님께서 그렇게 매시는 것은 교회가 벌써 매었기 때문이며, 하나님께서 그렇게 푸시는 것은 교회가 벌써 풀었기 때문입니다. 하나님은 교회에 권세를 주셨습니다. 하나님은 교회가 이 권세로 말하는 것은 무엇이든 행하실 것입니다.

먼저 매는 기도를 논해보겠습니다. 매어야 할 사람들과 매여야 할 일들이 많습니다. 한 형제가 너무 수다스럽습니다. 그는 매일 필요가 있습니다. 당신은 하나님께로 가서 이렇게 기도할 수 있습니다. "오 하나님, 이 형제가 너무 많은 말을 하지 않게 해주옵소서. 그를 매시어 그렇게 하지 않게 해주옵소서." 이렇게 해서 **당신은** 그를 맬 수 있습니다. 그러나 **하나님도** 하늘에서 그를 매실 것이므로 그가 덜 수다스러워지게 됩니다. 또는 사람들이 당신의 기도나 성경공부를 방해할지 모릅니다. 그런 사람들이 당신의 아내나 남편이나 당신의 자녀나, 친구일 수도 있습니다. 당신을 자주 방해하는 이 사람들과 관련하여 당신은 매는 기도를 발할 권세를 사용할 수 있을 것입니다. 당신은 하나님께 말씀드릴 수 있습니다. "오 하나님, 그들을 매시어 그들이 더 이상 어느 것에도 방해가 되지 않게 해주소서."

모임에서 어떤 형제가 말해서는 안될 것을 말하거나, 성경을 부적절히 인용하거나, 부적절한 찬송을 선택할 수 있습니다. 그런 사람을 맬 필요가 있습니다. 당신은 이렇게 말씀드릴 수 있습니다.

"주여, 아무개가 자주 잘못을 저지릅니다. 그가 이런 일들을 더 이상 하지 못하게 하옵소서." 이렇게 맴으로서 당신은 하나님도 그를 매시는 것을 보게 될 것입니다. 가끔 어떤 사람들은 모임(집회)의 평온을 어지럽힐 것입니다. 아마 말이나 고함을 지르거나 또는 이리저리 걸어 다님으로 그렇게 할 것입니다. 이런 활동들이 모임에서 자주 발생하게 마련입니다. 그리고 어지럽히는 사람들은 대개가 소수의 같은 사람들입니다. 이 사람들과 그들의 행동은 당연히 매여야 할 필요가 있습니다. 그러므로 당신은 이렇게 말씀드립니다. "하나님, 이 사람들이 항상 모임을 어지럽히는 것을 봅니다. 그들을 매주시어 그들이 어지럽히지 못하게 하옵소서." 땅에서 두 세 사람이 합심해서 매면 하나님께서도 하늘에서 매시는 것을 보게 될 것입니다.

이런 어지럽힘은 모두 매일 필요가 있을 뿐만 아니라 귀신들의 많은 역사도 또한 매이지 않으면 안됩니다. 복음이 전파되거나 증언이 있을 때, 마귀는 사람들 마음속에 역사하여 그들에게 많은 말을 속삭이거나, 많은 추한 생각들을 그들 속에 주입할 것입니다. 여기서 교회는 이 악령들을 매어서 그들이 속삭이거나 역사하지 못하게 금하지 않으면 안됩니다. 여러분은 "주여 악령들의 모든 역사를 매어주소서."라고 선언해야 합니다. 당신이 땅에서 악령들을 매면, 그것들이 하늘에서도 똑같이 매여질 것입니다.

권세 기도의 또 다른 측면은 푸는 기도입니다. 무엇을 풀어야 하겠습니까? 그 구체적 실례를 들어보겠습니다. 모임에서 그들의 입을 감히 열지 못하는 마음이 약한 형제들이 많습니다. 그들은 증언을 두려워하거나, 사람들 보기를 두려워합니다. 우리는 하나님께서 그런 형제들을 그들의 속박에서 해방시켜 주시도록 기도하지 않으면 안됩니다. 가끔 우리는 몇 마디 말로 그들을 격려할 수 있을 것입니다. 그러나 수많은 경우에 우리는 그들에게 아무 말도 말할 필요가 없고, 그 대신 이런 상황을 통제하기 위해 하나님의 보좌로 가까이 나갑니다. 나와서 주를 진정 섬겨야 할 사람들이 있습니다. 그런데도 그들은 직업이나, 가정일이나, 믿지 않는 친구들이나, 외적 환경에 매여 있습니다. 그들이 온갖 종류의 속박에 매여 있을지 모릅니다. 그러나 우리는 주께서 그들을 풀어 주셔서 그들이 주를 위해 나서서 증언하도록 구할 수 있습니다. 형제님들, 명령기도의 필요를 아십니까? 그 긴박함을 진정 보시고 있습니까?

금전 문제에 대하여, 이 문제 역시 우리의 기도를 통하여 풀리어야 합니다. 사탄은 사람의 호주머니를 꽉 조일 때가 많습니다. 가끔 우리들은 하나님께 돈을 푸시도록 구하여, 그의 사역이 금전적 결핍 때문에 고통을 받지 않게 해야 합니다.

진리 역시 풀릴 필요가 있습니다. 우리는 자주 "오 주여, 당신의 진리를 풀어주소서"라고 기도해야 합니다. 많은 진리가 묶여 있어서 그 진리들이 선포되고 있지 않습니다. 많은 진리가 선포되고 있지만, 듣고 깨닫는 사람은 매우 적습니다. 이런 까닭에, 하나님께서 그의 진리를 푸셔서 그 진리가 그의 자녀들에게 도달하도록 구해야 합니다. 진리가 방해를 받아 들어가지 못하는 것 같아 보이는 곳들이 많고, 사람들이 진리를 받을 가능성이 없어 보이는 곳들이 있습니다. 속박 받고 있는 많은 교회들이 해방 받고, 닫혀 있는 많은 곳들이 열리도록 하나님께서 진리를 푸시도록 하나님께 우리는 얼마나 구해야 하겠습니까? 닫힌 곳들에 진리를 보내는 방법은 주 만이 아십니다. 우리가 권세를 가지고 기도할 적에 주께서 진리를 보내실 것입니다. 그러므로 권세 있는 기도를 통해 풀리지 않으면 안 될 많은 것들에 대하여 우리는 민첩합시다.

우리는 매는 기도와 푸는 기도에 특별한 주의를 기울여야 합니다. 많은 것들이 매일 필요가 있고, 많은 것들이 풀리지 않으면 안 됩니다. 여기서 우리는 간구하지 않고, 오히려 매고 풀기 위한 권세를 사용합니다. 우리 모두가 기도로 권위를 사용하는 방법을 배울 수 있도록 하나님, 우리에게 은혜를 주옵소서. 우리는 기도하는 법을 배워야 할 뿐만 아니라, 그리스도의 승리가 무엇인지를 알지 않으면 안됩니다. 그리스도의 승리에서 우리는 풀며, 그리스도의 승리에서 우리는 맵니다. 우리는 하나님의 뜻에 배치되는 모든 것을 맬 것입니다. 권세 있는 기도는, 땅 위의 하나님의 통치, 또는 땅 위의 하늘의 권세를 사용함입니다.

오늘 우리는 땅 위의 나그네들에 지나지 않지만, 실제로 우리 각자는 하늘의 사람들입니다. 그러므로 우리는 하늘의 권세를 갖고 있습니다. 이런 까닭에 주의 이름으로 부르심 받은 모든 사람은 땅 위의 주님을 대표하는 자입니다. 우리는 하나님의 사자들, 곧 전권대사들입니다. 우리는 그의 생명을 받고 있고, 어둠의 권세에서 벗

어나 하나님의 사랑의 아들의 나라 속으로 옮겨졌습니다. 그 결과 우리는 하늘의 권세를 받고 있습니다. 모든 시대, 모든 장소에서 우리는 하늘의 권세를 갖고 있습니다. 우리는 하늘에 의하여 땅의 사건들을 통제할 수 있습니다. 하나님, 우리에게 은혜를 주셔서 우리가 주를 위해 진실로 기도의 용사들이 되게 하옵시며, 그리스도의 승리가 나타날 수 있도록 이기는 자들로서 그의 권세를 행사할 수 있게 하옵소서.

끝으로, 여기서 엄숙한 경고 한 마디가 필요합니다. 즉 우리들 자신이 하나님의 권세에 복종하지 않으면 안되겠다는 것입니다. 우리가 하나님의 권세에 복종하지 않으면, 우리는 권세 있는 기도를 할 수 없습니다. 우리는 지위상 하나님의 권세에 복종할 뿐만 아니라, 매일의 삶과 실천에서도 그러해야 합니다. 그렇지 않으면 우리는 권세 있는 기도를 드릴 수 없을 것입니다.

더욱이 성경은 기도와 금식과 권세 사이의 밀접한 관계가 있음을 보여 줍니다. 기도는 하나님을 향한 우리의 소원을 나타내는 반면, 금식은 우리의 자기부인을 예증해 줍니다. 하나님께서 사람에게 주신 첫 번째 특권은 금식이었습니다. 하나님은 아담에게 다른 어떤 것을 주시기 전에 금식을 주셨습니다. 그러므로 금식은 사람의 최초의 합법적 권리를 부정하는 것을 의미합니다. 실제로는 자기부인을 하지 않고 금식하는 기독교인들이 많습니다. 그렇기 때문에 그들의 금식은 금식으로 받아들여지지 않습니다. 바리새인들은 한편으로는 금식했지만, 또 한편으로는 억지로 꾸며냈습니다.

그들이 정말 금식했다면 그들이 억지로 꾸몄던 것을 보상하게 됐을 것입니다. 기도는 하나님을 소망하여 추구하는 것이며, 금식은 자기부인이므로 이 두 요소가 합쳐질 때 믿음이 즉각 발생하게 될 것입니다. 그런 다음 믿음과 함께 귀신들을 내어쫓는 권세가 오게 될 것입니다. 그러므로 우리가 하나님을 소원하지만 자기를 부인하기를 거부한다면, 우리는 믿음을 갖지 못하게 될 것이며, 권세도 갖지 못하게 될 것입니다. 그러나 우리가 이 두 가지, 곧 하나님을 소원하고 또 자기부인을 하면 우리는 즉시 믿음과 권세를 갖게 될 것입니다. 우리는 즉각 믿음의 기도와 심지어 권세 있는 기도까지 하게 될 것입니다. 그리고 권세 있는 기도는 가장 영적이며, 기도들 중 가장 중요한 것임을 명심하십시오.

제 25일 「매고 풀기」의 주와 묵상 내용:

....
....
....
....
....
....
....

제26일

기도 전쟁

> 우리가 너희에게 미치지 못할 자로서 스스로 지나쳐 나아간 것이 아니요 그리스도의 복음으로 너희에게까지 이른 것이라.(고후 10:14 다아비 역 참조)

이제는 하나님께서 우리를 위해서 해주신 일이 어떤 것인지 아시게 됐습니까? 에베소 1장에서 우리는 그리스도께서 하늘 위에 오르사 모든 통치와 권세와 능력과 주권과 이 세상뿐 아니라 오는 세상에 일컫는 모든 이름 위에 뛰어나게 하셨다는 말씀을 듣습니다. 2장에서 우리는 그리스도 예수 안에서 함께 하늘에 앉히심을 받았다고 계속해서 말씀합니다. 이것은 교회도 모든 통치와 권세와 능력과 주권과 이 세상 뿐 아니라 오는 세상에 일컫는 모든 이름 위에 뛰어나게 하셨다는 말씀과 같습니다. 하나님께 감사하리로다. 이것은 하나의 사실입니다. 그리스도께서 지금 모든 이름 위에 뛰어나신 것처럼 교회도 오늘 모든 것 위에 뛰어나는 것입니다. 주께서 모든 영적 원수들 위에 뛰어나심 같이 교회도 모든 영적 원수들 위에 뛰어납니다. 모든 영적 원수들이 주의 승천에 의하여 능가 당한 것 같이 이 영적 원수들은 주와 함께 승천한 교회에 의하여 능가 당했습니다. 따라서 모든 영적 원수들은 교회의 발 아래에 복종하게 되는 것입니다.

에베소 1,2장과 6장과의 관계를 주목해봅시다. 제 1장은 그리스도 안의 우리의 위치를 보여주고, 2장은 그리스도 안의 교회의 위치를 보여주고, 6장은 교회가 그리스도 안에서 그 위치에 들어갔으니까 교회가 해야 할 일을 보여주고 있습니다. 1장은 하늘의 그리스도에 대해 말씀하고, 2장은 하늘의 그리스도와 함께 앉아 있는 교회에 대해 말씀하고, 6장은 영적 전쟁에 대해 말씀하고 있습니다. 하나님은 교회가 하늘의 그리스도와 함께 앉아 있게 하셨으므로, 교회가 하늘에 앉아 있을 뿐만 아니라 서게 할 수 있게 하셨습니다. 그러므로 2장에서 "앉히시니"라고 말씀할 때, 6장은 "서는 것"에 대해 말씀하는데, 이것은 하늘의 위치에 서는 것을 의미하는 것입니다. "통치자들과 권세들과 이 어둠의 세상 주관자들과 하늘에 있는 악의 영들을 상대함이라… 모든 일을 행한 후에 서기 위함이라"(6:12,13). 우리의 전투는 영적 악의 무리들을 상대하는 것이므로 우리의 전쟁은 영적 전쟁인 것입니다.

"모든 기도와 간구를 하되 항상 성령 안에서 기도하고 이를 위하여 깨어 구하기를 항상 힘쓰며 여러 성도를 위하여 구하라... 또 나를 위하여..."(엡 6:18,19 전반). 이것은 영적 전쟁의 기도입니다. 이런 종류의 기도는 여느 기도와 다릅니다. 여느 기도는 땅에서 하늘을 향해 드리는 기도이지만, 여기서 말씀하는 기도는 하늘의 위치에 서 있는 것이며, 하늘에서 땅을 향해 하는 기도입니다. 권위 있는 기도는 하늘에서 시작하여 땅에서 끝납니다. 요컨대, 권위 있는 기도는 하늘에서 땅으로 하는 기도입니다.

기도하는 법을 아는 사람들은 모두 위로 기도한다는 것과 아래로 기도한다는 것이 무슨 뜻인지 압니다. 한 사람이 아래로 기도하는 법을 배우지 못했다면, 그는 권세 있는 기도를 찾아내어야 합니다. 영적 전쟁에서 이렇게 아래로 기도하는 기도는 대단히 중요합니다. 아래로 기도한다는 것은 무슨 뜻입니까? 그것은 그리스도께서 우리에게 주신 바 하늘의 위치에 서고, 하나님이 행해야 한다고 명하신 모든 것을 명함으로서 사탄의 모든 일에 대항하는 것입니다. 이를테면 우리가 어떤 특정한 문제를 위해 기도하고 있다고 생각해 봅시다. 우리가 하나님의 뜻이 무엇인지 살펴보고, 하나님께서 명령하신 것을 우리가 실제로 확인하고 나서, 우리는 "오 하나님, 저는 당신께서 이렇게 행해 주시기를 구합니다"라고 기도해서는 안됩니다. 이와는 반대로 우리는 "하나님, 당신께서는 이 일을 하셔야 합니다. 이 일이 이렇게 성취되어야 합니다"라고 기도해야 합니다. 이것이 명령 기도—곧 권세의 기도입니다.

"아멘"의 의미는 "그렇게 되게 하소서"가 아니라, "그렇게 되어질 지어다"입니다. 내가 당신의 기도에 아멘 할 때는 그 일이 되어질 지어다, 당신의 기도가 성취되어질 지어다를 긍정하는 것입니다. 이것은 명령의 기도이며, 이것은 믿음에서 나오는 것입니다. 우리가 이렇게 기도할 수 있는 이유는 우리가 하늘의 위치를 소유하고 있기 때문입니다. 우리는 그리스도께서 하늘에 오르실 때에 이 하늘 위치로 올라갔기 때문입니다. 그리스도께서 하늘에 계심같이 우리도 하늘에 있으며, 그리스도께서 죽으시고 부활하신 것 같이 우리 역시 죽었고 부활했습니다. 우리는 교회의 하늘의 위치를 보아야 합니다. 사탄은 할 수만 있으면 우리로 하여금 우리의 하늘의 위치를 잃게 함으로서 그의 일을 시작합니다. 하늘의 위치는 승리의 위치입니다. 우리가 이 위치에 서 있는 한 우리는 승리합니다. 그러나 우리가 사탄에 의해 하늘로부터 끌려 내려오면, 우리는 패배하는 것입니다.

모든 승리는 하늘의 위치인 승리의 위치에 섬으로서 쟁취됩니다. 사탄은 "너는 땅 위에 있다"라고 말하여 당신을 유혹하려할 것이며, 당신이 "나는 땅 위에 있다"라고 대답하면 당신은 과연 패배한 것입니다. 사탄은 당신을 괴롭히기 위하여 그런 패배를 이용하여 당신이 참으로 땅 위에 있다고 생각하게 하려고 할 것입니다. 그러나 당신이 서서 "그리스도께서 하늘에 계신 것 같이 나도 하늘에 있다"라고 응수하면 당신은 하늘의 위치를 꼭 붙잡게 됩니다. 그리고 승리하게 되는 것입니다. 이런 까닭에 제 위치에 서는 것은 대단히 중요합니다.

하나님께서 한 무리 이기는 자들을 가지시려면 기도 전쟁이 있지 않으면 안됩니다. 우리는 무언가와 마주칠 때 뿐만 아니라 어떤 일들이 우리들 주변에 일어날 때에도 사탄과 싸워야 합니다. 우리는 보좌를 통해 이 일들을 통제하지 않으면 안됩니다. 기도의 전사가 되지 않고는 아무도 이기는 자가 될 수 없습니다. 하나님 앞에 참으로 이기는 자가 되기 위해서는 권세 있는 기도를 배우지 않으면 안됩니다.

교회는 권세 있는 기도를 함으로서 지옥을 통제할 수 있습니다. 그리스도께서 만물 위에 뛰어나시고 교회의 머리가 되시므로 교회는 악령들과 사탄에 속한 모든 것을 완전히 통제할 수 있습니다. 교회가 만약 악령들을 통제할 권세를 받지 못했다면, 만약 주께서 그런 권세를 교회에 주시지 않았다면, 어떻게 교회가 땅 위에 존재할 수 있었겠습니까? 교회는 사탄의 모든 세력을 통제할 권세를 갖고 있기 때문에 존속하는 것입니다. 신령한 자들은 우리가 악령들에 대항하여 권세 있는 기도를 사용할 수 있음을 압니다. 우리는 주의 이름으로 귀신들을 내어쫓을 수 있습니다. 우리는 기도로 악령들의 은밀한 활동을 억누를 수 있습니다.

사탄의 간계는 다양합니다. 사탄의 악령들은 사람들에게 공공연히 달라붙을 뿐만 아니라 또한 수많은 방식으로 은밀히 작용합니다. 가끔은 사람들의 생각에 작용하여 속이고 뒤엎기 위해 의심과 두려움과 불신앙, 낙심, 상심, 왜곡을 주입합니다. 또 어떤 때는 사람의 말을 훔쳐가고, 분열시키고 어지럽히기 위해 다른 사람의 마음 속에 어떤 생각을 만들어 집어넣습니다. 악령들의 온갖 다양한 활동들을 억누르기 위해 기도하지 않으면 안됩니다. 집회나 기도모임에서 또는 대화에서 우리는 우선 이렇게 선언할 수 있습니다. "주여, 악령들을 모두 몰아내주소서. 그것들이 이곳의 어떤 활동에도 들어오지 못하게 금해주소서."

모든 악령들이 교회의 발아래에 굴복한 상태에 있다는 것은 하나의 사실입니다. 교회가 권세를 사용해 기도한다면, 악령들조차 교회에 복종할 것입니다. 권세 있는 기도는 여느 기도와는 다르며, 그것은 명령할 권위를 행사하는 것입니다. 권세 있는 언사(utterance)는 명령의 기도이며, "주여, 원합니다." "주여, 저는 개의치 않습니다." "주여, 그렇게 하겠습니다." "주여, 이것을 통과시키지 않겠습니다." "주여, 주의 뜻만이 이루어지이다. 저는 다른 아무것도 원하지 않습니다."라고 기도합니다. 이런 권위를 사용할 때 우리의 기도는 그 목표를 달성하게 될 것입니다. 이렇게 기도하는 사람들이 교회에 더 많아진다면 교회의 더 많은 문제들이 쉽게 해결될 것입니다. 우리는 기도를 통해 교회 문제들을 다스리고 관리해야 합니다.

우리는 교회가 벌써 하늘에 올라가 있음을 보지 않으면 안됩니다. 그렇찮으면 우리는 지시를 내릴 힘을 갖고 있지 못한 것입니다. 그리스도는 지금 만물의 머리이시며, 만물이 그의 발아래에 복종해 있습니다. 주는 만물 위에 계시는 교회의 머리이십니다. 주는 교회를 위하여 만물의 머리가 되십니다. 그리스도께서 만물 위에 교회의 머리가 되시기 때문에 만물은 반드시 교회 아래에 있지 않으면 안됩니다. 우리는 이것의 영적 중요성을 받아들일 필요가 있습니다.

제 26일 「기도 전쟁」의 주와 묵상 내용:

....
....
....
....
....
....
....
....
....
....

제27일

적에 대항하는 기도

> 그런즉 너희는 하나님께 순복할지어다 마귀를 대적하라 그리하면 너희를 피하리라. (약 4:7)

우리 앞에 있는 가장 중요한 문제는 이제 적을 식별하는 일입니다. 우리의 대적이 누구인지, 우리에게 많은 고통을 초래하는 자가 누구인지, 우리는 확실히 알아야 합니다. 우리의 고통이 사람들에 의한 것으로 간주할 때가 얼마나 많습니까. 그러나 성경에서는 "우리의 씨름은 혈과 육을 상대하는 것이 아니요 통치자들과 권세와 이 어둠의 세상 주관자들과 하늘에 있는 악의 영들을 상대함이라"라고 말씀합니다(엡 6:12). 이런 까닭에 사람의 손에서 고통을 당할 때마다 우리는 혈과 육의 배후에 사탄과 그의 어둠의 세력들이 모든 일을 지시하고 있고, 바로 거기에 건재하고 있음을 알아야 합니다. 우리는 자연적인 것과 초자연적인 것을 분별해야 합니다. 우리는 영적 영역을 알 수 있도록 내적으로 훈련되어 있어서 사탄의 숨은 소행의 어느 하나도 우리 눈을 피할 수 없게 해야 합니다.

사실이 그러하기 때문에, 우리에게 우발적이며 자연스런 것 같은 사건들로 생각되는 것들이 그 사건들 배우에 적의 소행들과 관련되어 있을 수 있음을 인정해야 하지 않겠습니까? 우리는 사탄이 모든 경우에서 항상 우리를 좌절시키고 매사에 우리를 덮쳐누르기 위해 애쓰고 있음을 쉽게 보게 될 것입니다. 우리를 괴롭게 했던 자가 그 자였음을 알지 못하고 지난 날에 그로부터 그처럼 많이 고통당한 것은 얼마나 애석한 일입니까? 오늘 우리의 가장 긴급한 일들의 일부는 그의 잔인함에 대하여 증오의 마음을 품는 것입니다. 사탄에 대한 우리의 적의가 너무 깊지 않을까 염려할 필요가 없습니다. 우리의 이김의 가능성이 있기에 앞서 우리는 그에 대한 적대적 태도를 우리 마음에 유지하며 그의 압박으로 우리들 자신을 더 이상 당하게 해서는 안됩니다. 우리가 사탄의 손에 당한 것들이 우리가 복수하지 않으면 안 될 고통이었음을 알아야 합니다. 그는 우리를 괴롭힐 권리가 없는데도 어쨌든 괴롭힙니다. 이것은 참으로 권리 침해이며, 복수하지 않으면 안 될 고통인 것입니다.

그 과부는 많은 고통을 당한 다음 재판관에게 가서 원한을 풀어달라고 했습니다(눅 18:1-8). 우리가 배우고 행해야 할 것은 이것입니다. 우리는 세상의 재판장들에게로 가서 우리를 위해 행동해

달라고 간청하지 않습니다. 그렇습니다. 어느 다른 누구도 아닌 하늘의 우리 아버지 하나님이신 우리 재판장에게 구합니다. 우리의 싸우는 무기는 육신에 속한 것이 아닙니다(고후 10:4). 그러므로 사탄이 이용하는 혈과 육(사람)의 도구들에 대해서는 이 세상의 혈육의 도구들을 사용하지 않을 것입니다. 그와는 반대로 그들에 대항하여 초조감이나 분노나 적개심을 보여주는 대신 우리는 그들을 측은하게 여겨야 합니다. 그들은 다만 사탄의 도구들이기 때문입니다. 영적 전쟁에서 혈육의 무기는 조금도 쓸데없음을 깨달읍시다. 그것은 쓸데없을 뿐만 아니라, 그것을 사용하는 자들도 틀림없이 사탄에게 패배당할 것입니다.

영적 무기는 에베소 6장의 기록에서 보게 되듯 종류가 많습니다. 이 무기들 중 가장 효과 있는 무기는 18절에 기록된 바와 같이 기도입니다. 그렇습니다. 우리는 힘이 없으므로 우리의 대적을 우리들 스스로 복수할 수 없습니다. 그러나 우리가 하나님께 기도하여 하나님께서 우리를 복수해 주시도록 기도할 수는 있습니다. 기도는 적에 대항하는 우리의 최상의 공격 무기입니다. 기도를 통해서 우리는 적을 공격할 수 있고, 적의 계획과 일과 힘에 큰 손실을 입힐 수 있습니다. 기도를 통하여 우리는 우리의 방어선을 안전히 지킬 수 있습니다. 이 과부는 자기가 대적과 싸우면 이길 수 없을 것을 알았습니다. 그녀는 연약한 과부로서 그와 같은 강력한 악한을 저항할 수 없었기 때문입니다. 이렇게 하나님의 자녀가 기도로서 하나님의 능력을 의지하지 않고, 적을 고발하고 변호를 위해 하나님께 구하지 않고 독자적으로 노력하면 그들은 또한 불화살의 해를 받게 될 것입니다. 이 비유에서 주 예수께서는 대적을 이기는 최상의 방법을 우리에게 가르쳐 주시는데, 그것은 밤낮 하나님께 기도하며 하나님께서 그를 심판하셔서 우리 적을 복수해 주시도록 구하는 것입니다.

성경은 사탄에 대항해 기도하는 이 문제와 관련해서 많은 도움을 줍니다. 우리는 여기서 이 문구들 중 몇몇을 검토해 보고 그런 기도를 어떻게 드리는지를 배워야 할 것입니다.

우리는 창세기 3장에서 마귀가 그의 첫 번째 악한 일을 한 후 하나님께서 마귀를 어떻게 처벌하고 저주하셨는가를 상기합니다. 그 저주에서 하나님은 마귀의 머리가 십자가 위의 주 예수에 의해 부셔질 것을 명백히 예고하셨습니다. 따라서 우리가 마귀의 손 아래서 고통을 당할 때마다 우리는 "오 하나님, 사탄을 다시 저주하시어 그가 멋대로 할 수 없게 하옵소서. 당신께서 에덴동산에서 그를 눌러 부셨습니다. 당신께서 다시 그를 저주하시어 그를 다시 십자가의 능력 아래에 두시어 그가 움직이지 못하게 하옵소서."라고 기도하여 그에게 할당된 처벌을 우리에게 유리하게 이용할 수 있습니다. 마귀가 가장 두려워하는 것은 하나님의 저주입니다. 하나님께서 저주하시면 사탄은 감히 우리를 해치지 못하는 것입니다.

주 예수께서 귀신들을 내쫓으셨을 때, 주는 그들이 말하는 것을 허락하시지 않았다고 마가복음 1장에 기록되었습니다. 이런 까닭에 사탄이 사람들을 유혹하여 많은 오해나 난폭한 말들을 하게 할 때, 우리는 주께서 그의 입을 막고 그들을 통해 말하지 못하도록 기도할 수 있습니다. 가끔 우리가 복음을 설교하거나 사람들을 가르칠 때, 우리는 주께 구하여 마귀가 우리 청중에게 말을 못하게 하여 그들로 하나님 말씀을 의심하게 하거나, 훼방하지 못하게 할 수 있습니다. 우리는 사자 굴의 다니엘의 이야기를 기억합니다. 이 한 기도는 정말 아주 효과적입니다. "오 주여, 사자의 입을 막으소서. 그가 당신의 백성을 해치지 못하게 하옵소서."

마태복음 12장은 기도에 관한 주의 또 다른 훌륭한 교훈을 우리에게 제공합니다. "사람이 먼저 강한 자를 결박하지 않고서야 어떻게 그 강한 자의 집에 들어가 그 세간을 강탈하겠느냐 결박한 후에야 그 집을 강탈하리라"(29절). 우리는 주께서 언급하시는 강한 자가 사탄임을 압니다. 사탄을 압도하기 위하여 우리는 먼저 그를 매어 그가 움직이지 못하게 해야 합니다. 이 강한 자를 우리들 자신이 매어 우리 일을 훼방하는 그 자의 자유를 없이 할 힘은 물론 우리에게 없습니다. 그러나 우리가 기도할 수는 있습니다. 우리 기도에서 우리는 하나님께서 사탄을 매어(묶어) 그를 무력하게 해주시도록 구할 수 있습니다. 어떤 일을 시작할 때마다 우리가 먼저 기도로 사탄을 매면, 우리의 승리는 확보됩니다. 우리는 항상 "오 주여, 이 강한 자를 매어주소서"라고 기도해야 합니다.

"하나님의 아들이 나타나신 것은 마귀의 일을 멸하려 하심이라"(요일 3:8). 마귀의 일을 분별하는 순간 우리는 다음과 같이 기도할 수 있습니다. "오 하나님, 당신의 아들이 마귀의 일을 멸하러 오셨나이다. 얼마나 감사하나이까, 그가 십자가 위에서 마귀의 일들을 멸하셨나이다. 그러나 마귀가 지금 다시 역사하고 있나이다. 우리 안의 그의 일을 멸해주소서. 우리 일에 대한 그의 속임수를 멸해주소서. 우리 환경에서 그의 계교를 멸해주소서. 그리고 그의 모든 일들을 멸해주옵소서." 기도할 때 우리는 우리들 자신의 상황에 맞춰 기도할 수 있습니다. 사탄이 우리 안에서, 가족이나, 일이나, 학교나, 나라에서 역사하고 있음을 알게 되면, 우리는 그 특정 영역에서 그의 역사를 하나님께서 멸해 주시도록 구할 수 있습니다.

유다는 천사장 미가엘이 사탄에게 "주께서 너를 꾸짖으시기를 원하노라"(9절)라고 선언한 것을 기록하고 있습니다. 이 말을 한 후 사탄은 더 이상 감히 저항하지 못했습니다. 그러므로 우리는 그에 대항하는 기도에서 이 동일한 말씀을 사용할 수 있습니다. 우리는 주께서 원수를 꾸짖으시도록 구하는 것입니다. 우리는 주께서 이런 기도를 들으심을 알아야 합니다. 그가 꾸짖으시도록 우리가 구하면 그가 꾸짖으실 것입니다. 우리는 또 주께서 일단 사탄을 꾸짖으시면, 이 원수가 더 이상 거스를 수 없음을 알아야만 합니다. 그가 주의 꾸지람을 두려워하기 때문입니다. 우리 주께서 바람과 바다를 꾸짖으셨을 때, 이 요소들이 그에게 귀를 기울이는 즉시 바람이 멈추고 바다가 잔잔해졌습니다. 그의 꾸지람은 사탄에게 같은 결과를 가져옵니다.

제 27일 「기도 전쟁」의 주와 묵상 내용:

....
....
....
....
....
....
....
....
....

제28일

기도와 하나님의 일

> 예루살렘이여 내가 너의 성벽 위에 파수꾼을 세우고 그들로 종일 종야에 잠잠치 않게 하였느니라 너희 여호와를 기억하시게 하는 자들아 너희는 쉬지 말며 또 여호와께서 예루살렘을 세워 세상에서 찬송을 받게 하시기까지 그로 쉬지 못하시게 하라(사 62:6,7).

하나님께서 일하실 때 하나님은 특정의 법칙과 뚜렷한 원칙을 가지고 그렇게 하십니다. 하나님은 기뻐하시는 것은 무엇이든 하실 수 있을지라도 결코 경솔하게 행하시지 않습니다. 하나님은 항상 그의 일정한 법칙과 원칙에 따라 수행하십니다. 의심할 여지없이 하나님은 이런 모든 법칙과 원칙들을 초월하실 수 있습니다. 그는 하나님이시고, 자신의 기쁘심에 따라 행하실 수 있는 것입니다.

하지만 우리는 성경에서 가장 놀라운 한 가지 사실을 발견합니다. 그의 지극히 크심과 그의 뜻에 따라 운행하시는 능력에도 불구하고, 하나님은 그가 정하신 법칙과 원칙의 계통을 따라 항상 행하신다는 것입니다. 마치 하나님이 그 자신의 법칙에 통제받으시기 위해 자기를 법 아래에 일부러 두신 것 같아 보이는 것입니다.

그렇다면, 하나님의 일하심의 원칙은 무엇입니까? 하나님의 활동은 그 배후에 중요한(근본적) 원칙을 갖는데, 하나님은 사람이 기도하기를 원하신다는 것, 사람이 기도를 통하여 그와 협력하기를 바라신다는 것입니다.

기도를 어떻게 하는지 잘 알았던 한 기독교인이 있었습니다. 그는 선언하기를, 모든 영적 일들은 네 단계를 포함한다고 했습니다. 첫째 단계는, 하나님께서 한 가지 생각을 품으신다는 것인데, 이것이 그의 뜻입니다. 둘째 단계는, 하나님께서 그의 뜻을 성령을 통하여 자기 자녀들에게 계시하셔서 그들로 하여금 그가 한 뜻, 한 계획, 한 가지 요구와 기대를 갖고 계심을 알게 하신다는 것입니다. 셋째 단계는, 하나님의 자녀들이 그에게 기도함으로서 그의 뜻에 화답한다는 것입니다. 기도는 하나님의 뜻에 응답하는 것이 되기 때문입니다. 우리의 마음이 그의 마음과 온전히 하나가 된다면 우리는 당연히 그가 하시기를 의도하시는 것을 우리 기도에서 말로 표현하게 될 것입니다. 그리고 넷째 단계는, 하나님이 바로 이것을 성취하실 것이란 것입니다.

여기서 우리는 첫째 단계와 둘째 단계에 관계하지 않고 셋째 단계에 관심을 갖습니다. 즉 우리가 하나님께 기도함으로서 그의 뜻에 어떻게 화답하게 되는가 하는 것입니다. "화답하다"란 말에 주목하십시오. 가치 있는 모든 기도들은 그 속에 이 화답의 요소를 지니고 있습니다. 만약 우리 기도가 우리의 계획과 기대를 성취하는 목적만을 위한 것이라면 그런 기도는 영적 영역에서 많은 가치가 없습니다. 기도는 하나님으로부터 기원하고 우리에 의해 화답되지 않으면 안됩니다. 그런 기도만이 의의 있는 기도입니다. 하나님의 일은 그런 기도에 통제 받기 때문입니다. 주께서 과연 얼마나 많은 일들을 하고 싶어 하십니까. 그런데도 하나님은 그 일들을 수행하시지 않습니다. 자기 백성들이 기도하지 않기 때문입니다. 사람들이 그와 일치하기까지 하나님은 기다리실 것이며, 그런 다음에야 일을 하실 것입니다. 이것은 하나님의 일하심의 일대 원칙이 되며, 이것은 성경에서 발견되는 가장 중요한 원칙들의 하나기 되는 것입니다.

에스겔 36장 37절의 말씀은 아주 놀랍습니다. 주는 한 가지 목적을 갖고 계신다고 말씀하시는데, 그것은 그가 이스라엘 집 사람들을 양떼같이 많아지게 하실 것이라는 것입니다. 이것은 하나님의 확정된 뜻입니다. 그가 정하시는 것을 그가 이루실 것입니다. 그럼에도 하나님은 그 일을 즉각 성취하시지 않고 잠깐 기다리실 것입니다. 이렇게 기다리시는 것은 무슨 이유이겠습니까? 주께서 말씀하시기를 "그래도 이스라엘 족속이 이같이 자기들에게 이루어주기를 내게 구하여야 할지라"라고 하십니다. 그가 이스라엘 집 사람들을 많게 하시기로 결정하셨습니다. 그러나 하나님은 이스라엘 자녀들이 이 문제에 대하여 그에게 구할 때까지 기다리시지 않으면 안됩니다. 비록 그 자신이 어떤 일들을 수행하시기로 결정하셨을지라도 하나님은 그렇게 즉시 하시지 않으실 것을 우리는 알아야 합니다. 하나님께서 진행하시기 전에 사람들이 그들의 동의를 보여주기까지 하나님은 기다리실 것입니다. 그가 일하실 때마다 그가 자기 뜻을 가지시고 있다고 해서 결코 즉시 앞서 행하시지 않을 것입니다. 그렇습니다. 하나님은 행하시기 전에 그의 백성이 기도로서 그들의 동의를 표하기까지 필요하시다면 기다리실 것입니다. 이것은 확실히 가장 놀라운 사실(현상)입니다.

　이 진리 즉 모든 영적 일들은 하나님께서 결정하시고 그의 자녀들이 이것을 바란다는, 즉 모든 것은 하나님이 시작하시고 그의 자녀들이 찬성한다는 것을 항상 염두에 두도록 합시다. 이것은 영적 일의 일대 원칙이 되는 것입니다. 주께서 "그래도 이스라엘 족속이 이같이 구하여야 할지라"고 말씀하십니다. 그의 일이 하나님의 자녀들의 물음을 기다리고 있습니다. 그리고 어떤 날 이스라엘 족속이 실제로 구했고 하나님은 그들을 위해 지체없이 그 일을 수행하셨습니다.

　하나님의 일하심의 이런 원칙을 보시고 있습니까? 그가 무언가를 시작하신 후에, 하나님은 우리가 기도할 때까지 그것의 실시를 멈추고 계십니다. 교회가 창설된 시절 이후 그의 자녀들의 기도 없이 하나님께서 땅에서 행하시는 것은 하나도 없습니다. 그가 그의 지녀들을 갖게 되는 순간 하나님은 모든 것을 그의 자녀들의 기도에 따라 행하십니다. 하나님은 모든 것을 그들의 기도에 일임하십니다. 그가 왜 그렇게 행동하시는지 우리는 모릅니다. 그러나 이것이 사실임을 우리는 압니다. 하나님은 자기 자녀들을 통해 그의 뜻을 성취하심을 기뻐하시는 위치로 자기를 기꺼이 낮추십니다.

이사야 62장에 이것에 대한 또 한 가지 실례가 있습니다. "예루살렘이여 내가 너의 성벽 위에 파수꾼을 세우고 그들로 하여금 주야로 계속 잠잠하지 않게 하셨느니라 너희 여호와를 기억하시게 하는 자들아 너희는 쉬지 말며 또 여호와께서 예루살렘을 세워 세상에서 찬송을 받게 하시기까지 그로 쉬지 못하시게 하라"(6,7). 하나님은 예루살렘이 세상에서 찬송을 받게 하십니다. 그가 그 일을 어떻게 성취하십니까? 그가 그 성 위에 파수꾼들을 세워 그들이 그에게 부르짖도록 하기 위함입니다. 그들이 어떻게 부르짖어야 합니까? "너희는 쉬지 말며... 그로 쉬지 못하시게 하라." 우리는 그에게 끊임없이 부르짖어 그로 쉬지 못하시게 해야 합니다. 그가 그의 일을 이루시도록 우리는 기도를 계속합시다. 비록 주께서 이미 예루살렘이 세상에서 찬송을 받으시게 의도하셨더라도 하나님은 그 성벽들 위에 파수꾼들을 세우십니다. 그들의 기도에 의하여 그가 이루실 것입니다. 그가 그들이 한번만 기도하라고 하시지 않고, 끝없이 기도하라고 강권하십니다. 그의 뜻이 이루어지기까지 기도를 계속하십시오. 환언하면, 하나님의 뜻은 사람의 기도(들)의 지배를 받습니다. 주께서 우리가 기도하도록 기다리고 계십니다. 하나님의 뜻의 **내용**에 대해서는 전적으로 하나님 자신에 의해 결정됨을 분명히 깨달읍시다. 우리는 그 결정을 짓지도 못하며, 거기에 참여조차 하지 못합니다. 하지만 그의 뜻을 **행하심**에 있어서는 그것이 우리의 기도의 지배를 받는 것입니다.

한 형제가 언젠가 이렇게 말했습니다. 하나님의 뜻은 기관차와 같은 반면, 우리의 기도는 철도와 같다고 말입니다. 기차는 철로 위로 달린다는 점을 제외하면 어느 곳이든 달릴 수 있습니다. 기차는 동서남북으로 달리는 엄청난 힘을 **갖고** 있습니다. 그러나 기차는 철도가 놓여진 곳으로만 달릴 수 있습니다. 그러므로 하나님이 힘이 없으시기 때문이 아니라 하나님은 기관차와 같이 힘, 큰 힘을 갖고 계십니다. 그가 사람의 기도에 지배받기로 선택하시기 때문입니다. 그러므로 모든 가치 있는 기도는(철도처럼) 하나님을 위한 길을 열게 되는 것입니다. 결론적으로, 우리가 기도의 책임을 떠맡지 않는다면, 우리는 하나님의 뜻이 성취되는 것을 방해하게 될 것입니다.

교회사를 통독해 볼 때, 모든 대 부흥은 항상 기도에서 비롯된 것을 우리는 알아볼 수 있습니다. 기도는 주께서 원하시는 것을 주께서 하시게 할 수 있음을 우리에게 보여줍니다. 우리는 하나님께서 원하시는 것을 확실히 **지연**시킬 수 있더라도, 그 분이 원치 않으시는 것을 하시도록 그에게 구할 수는 없습니다. 하나님은 절대자이십니다. 그러므로 우리는 그 분이 변하시게 할 수 없으며, 그가 원하시는 것을 하시지 **않도록** 설득할 수도 없습니다. 그러므로 그의 통로가 되도록 부르심 받을 때 우리가 그와 협력하지 않는다면 우리는 틀림없이 그의 일을 방해하게 될 것입니다.

제 28일 「기도와 하나님의 일」의 주와 묵상 내용:

....
....
....
....
....
....
....

제29일

공동 기도

> 내 이름으로 일컫는 내 백성이 그 악한 길에서 떠나 스스로 겸비하고 기도하여 내 얼굴을 구하면 내가 하늘에서 듣고 그 죄를 사하고 그 땅을 고칠지라(대하 7:14).

기독교는 성격상 개인적이 아니라 집단적(공동체적)이라는 점에서 특이합니다. 기독교는 성도들의 함께 모임을 강조합니다. 다른 모든 종교는 개인적 경건을 주창하며 기독교만이 사람들을 불러 모읍니다. 하나님의 특별한 은혜는 신자들의 모임에 내리는 것입니다.

이 때문에 하나님의 말씀은 함께 모이는 것을 저버리지 말라고 명합니다. 구약에서마저도 하나님은 유대인들이 함께 모이도록 규정하셨습니다. 그때에도 하나님은 그들을 주의 회중이라 부르셨습니다. 그들은 회중이 되기 위해서 함께 모여야 했습니다. 이렇게 구약에서 하나님은 벌써 자기 백성의 모임을 강조하셨습니다. 신약에서는 사람들이 그의 은혜를 받기 위하여 함께 모여야 함이 훨씬 더 분명하게 됩니다. 성경은 "모이기를 폐하지 말고"라고 명합니다. 아무도 은혜를 놓치지 않으려면 이런 모임을 저버릴 수 없습니다. 성도들의 모임을 중단하는 것은 어리석은 일입니다.

성경은 함께 모여 가진 많은 행사를 기록하고 있습니다. 우리 주께서 땅 위에 계실 때 자기 제자들과 자주 만나셨습니다. 가끔은 제자들과 개별적으로 대화하셨을지라도, 주는 그들과 함께 모이는 것에 더 관심을 가지셨습니다. 주는 배에서, 집에서, 산 위에서 제자들과 만나셨고, 심지어 배반당하시던 날 밤, 빌린 다락방에서도 만나셨습니다. 부활 후에는 닫힌 문 뒤에서 그들과 만나셨습니다. 오순절 전에는 제자들이 다함께 모여 변함없이 기도를 계속했습니다. 다시 사도행전 2장에서는 말씀을 받고 세례 받은 모든 사람이 "사도의 가르침을 받아 서로 교제하고 떡을 떼며 오로지 기도하기를 힘썼음"을 보게 됩니다(행 2:42). 후에 박해받을 때에는 기도 모임이 있었던 그들 자신의 동료들에게로 갔습니다. 베드로가 감옥에서 기적으로 풀려났을 때, 그 역시 사람들이 기도를 위해 모인 한 집으로 갔습니다. 서신들 또한 신자들이 모임을 폐하지 말라고 명합니다. 고린도 서신들에서는 온 교회가 함께 모이는 것에 관한 언급이 있습니다. 교회에 소속하는 사람은 아무도 그런 모임을 피해서는 안되는 것입니다.

"교회"(더 정확히는 "모임")란 말의 뜻이 헬라어로는 무엇입니까? 에크(ek)는 "~~에서 밖으로"란 뜻이고, 클레시스는 부르심이란 뜻입니다. 에클레시아는 "불러내심을 받아 모인 자들"이란 의미입니다. 오늘 하나님은 한 백성을 불러내셨을 뿐만 아니라, 그들이 함께 모이기를 바라십니다. 부름 받은 각자가 독립성을 유지하려고 한다면, 교회는 없을 것입니다. 이렇게 우리는 함께 모임이 중요함을 보게 되는 것입니다.

교회의 기도에 관해 논할 때, 우리는 사사로운 기도에도 못지않게 관심을 가지며, 개인 기도의 중요함에 대해서도 관심을 가집니다. 그러나 한 사람이 어떤 점들에서 할 수 없는 것이 서로의 공동의 도움을 통해 행해질 수 있음이 하나님 나라의 한 규칙임을 깨달읍시다. 특히 기도 문제와 관련해서 상호성이 필요합니다. 주를 가까이 따르는 사람들은 모두 다른 신자들과 함께 기도할 필요를 자주 보게 됩니다. 때로 그들은 그들 자신의 기도가 부적당함을 느낍니다. 특히 하나님 나라 같은 거대한 주제를 위해 기도할 때에는 온 교회의 힘이 요구됩니다. "내 집은 기도하는 집이라 일컬음을 받으리라"고 주께서 말씀하십니다(마21:13). 여기에 "우리는 그의 집이다"를 추가할 수 있습니다(히3:6).

그리스도의 몸은 우리를 분파와 분파주의에서 구출해 줄 것이며, 자아와 개인주의로부터도 우리를 구해줄 것입니다. 많은 사람의 삶의 원칙이 몸이 아니라 개별적 자아인 것은 얼마나 애석한 일입니까. 이 개인주의의 원칙을 우리는 많은 영역에서 발견할 수 있을 것입니다. 이를테면, 기도 모임에서 어떤 사람은 다른 사람들과 기도할 수 없으므로 혼자서만 기도할 수 있습니다. 그의 의식은 그 자신의 자아로 둘러싸여 갇혀 있습니다. **그가** 기도할 때, 그는 남들이 그에게 귀를 기울여주기를 바랍니다. 그러나 **남들이** 기도할 때에는 그는 그들에게 귀를 기울이지 않습니다. 그는 남의 기도에 내면적 반응을 보이지 않으며, 아멘을 드릴 수조차 없습니다. 그의 의식은 다른 사람들의 의식에서 단절되어 있습니다. 이런 까닭에 그는 **그의** 기도를 드리며, 다른 사람들은 **그들의** 기도를 드리게 하는 것입니다. 그의 기도와 다른 사람들의 기도들 사이에 아무런 관계가 없어 보입니다. 그가 모임에 올 때는 자기 속에 가둬둔 낱말들만을 입 밖에 내기 위해서만 모임에 오고, 그런 다음에는 그의 일이 끝났다는 감만을 느끼는 것 같습니다. 그는 거기 모인 사람들이 어떤 기도 부담이나 의식을 갖고 있든 개의치 않습니다. 이것은 개인주의 규칙이지, 몸의 원칙이 아닙니다. 사실상 그는 몸을 본 일이 없으며, 따라서 그는 하나님 앞에서 다른 사람들과 협력할 수가 없습니다.

 우리는 자주 기도의 교제를 배우고, 곤경의 교제를 배우고, 하나님의 뜻을 구하는 교제를 배우고, 우리의 미래에 관한 교제를 배우고, 하나님의 말씀에 관한 교제를 배울 필요가 많습니다. 교제의 의미는 기도 문제에 관한 한 내가 부적절하다는 것을 알고, 내가 나와 함께 기도할 다른 두, 세 사람을 찾는데 있습니다. 나 혼자서는 곤경 해결에 무능하므로 나와 함께 여러 가지 사정을 다루어줄 두, 세 형제에게 부탁을 하는 것입니다. 혼자서는 나는 하나님의 뜻을 알 수 없으므로 다른 두, 세 사람의 도움을 간청합니다. 나 자체로서는 나의 미래에 대하여 알 수가 없으므로 따라서 나는 두, 세 형제와 자매들의 교제를 요청하여 내 미래가 어떠해야 마땅한지 나와 함께 결정하게 합니다. 나는 혼자서는 하나님의 말씀을 깨달을 수 없으니, 두, 세 형제자매와 함께 하나님 말씀을 공부합니다. 교제 할 때에 나는 나의 부족과 무능력을 인정하고 몸이 내게 필요함도 인정합니다. 나에게는 한계가 있으니 과오를 범하기 쉬움을 고백합니다. 이 때문에 나는 (나에 대한 애정이 있다고 해서 그 사람들이 나를 도와주도록 간청하지만은 않으며) 나에게 도움이 될 영적 분별력이 있는 형제자매에게 간청합니다. 나는 무적격자입니다. 따라서 나는 다른 형제들의 도움이 필요한 것입니다.

우리는 그리스도의 몸의 지체들이며, 각기 몸의 부분의 지체들이므로 생명과 힘을 얻음에서 몸을 돕는 방법을 모색해야 합니다. 어떤 모임에서든 비록 우리가 입을 열지는 않더라도 우리는 조용히 기도할 수 있습니다. 비록 우리가 말을 하지는 않더라도 우리는 하나님을 바라볼 수 있습니다. 이것이 몸 의식입니다. 우리가 몸을 본 일이 있다면, 우리가 하찮은 사람이라고 우리는 말할 수 없습니다. 우리는 오히려 이렇게 말할 것입니다. 나는 몸의 한 지체이다. 그러니까 나는 수행할 한 가지 의무를 갖고 있다. 나는 내가 말해야 할 한 마디 말을 갖고 있다. 나는 아뢰어야 할 한 가지 기도가 있다.

모임에 올 때 나는 하나님께서 내가 하기를 바라시는 것은 무엇이든 하지 않으면 안된다. 나는 관망자가 될 수는 없다. 우리가 진정으로 몸을 이해하고 있다면, 우리는 이 같은 말을 하고 행하게 될 것입니다. 그리고 우리 모두가 기능을 발휘할 때, 전체 모임의 생명은 온갖 죽음을 삼켜버리게 될 것입니다. 죽음을 극복할 이런 힘을 보여주지 못하는 모임들이 많습니다. 관망자들이 너무 많기 때문입니다.

제 29일 「공동 기도」의 주와 묵상 내용:

제30일

기도 모임(1)

> 또한 네가 청년의 정욕을 피하고 주를 깨끗한 마음으로 부르는 자들과 함께 의와 믿음과 사랑과 화평을 좇으라(딤후 2:22).

　일들이 성취되는 것을 보거나, 또는 가장 큰 능력을 소유하기 위해서는 기도 모임이 가장 도움이 됩니다. 기도 모임이 영적 힘을 가장 잘 측정할 수 있습니다. 나는 형제자매들이 많이 참석하고, 많은 기도 부담이 있기를 소망합니다.

　교회의 다른 모든 모임에서처럼, 기도 모임에서도 회중 생명(assembly life)은 한 기독교인의 영적 생명을 돕게 될 뿐만 아니라, 그리스도의 몸의 생명도 나타내게 됩니다. 우리가 성도들의 모임을 등한히 한다면, 우리는 함께 하는 생활도 등한히 하게 됩니다.

이것은 큰 실패인 것입니다.

기도 모임에서 기도해야 할 일들이 언급되고 설명되어야 합니다. 너무 많은 말을 해서는 안됩니다. 우리가 어떤 일도 말하기 전에, 우리가 이것을 위해서 집에서 미리 기도했는지를 우리들 자신에게 물어봅시다. 만약 집에서 기도하지 않았다면, 형제들을 속이지 않기 위하여 이 사실을 분명히 하도록 합시다. 어떤 문제이든 집에서 기도하지 않은 것은 기도할 필요나 가치가 없음을 보여준다는 것입니다. 이것은 한 가지 원칙, 한 가지 법입니다. 개인적으로 미리 기도하지 않은 것은 공동으로 기도할 필요가 없습니다. 사사로이 기도했고, 개인적 부적격감이 여전히 떠나지 않고 있을 때에만, 기도할 문제를 기도 모임에서 공적으로 진술할 수 있습니다.

기도 모임에서 드려진 기도는 하나님이 대부분 들어주시기도 하고, 가장 적게 들어주시기도 합니다. 개인 기도들은 자주 들어주십니다. 그러나 공동 기도는 더 잘 들어주십니다. 사람들은 그들의 골방에서는 사용하지 않는 말과 느낌을 기도 모임에서 사용하고 표현합니다. 그들은 골방에서는 결코 사용하지 않는 많은 말들과 많은 것들로 기도 모임에서 기도할 때가 많습니다. 그래서는 안됩니다. 실제로 골방에서 기도의 부담이 안됐던 것을 기도 모임에서 기도하기 위해 가져와서는 안됩니다. 부담이 없는 기도는 하나님께서 들어주시지 않을 것이기 때문에 입 밖에 내서는 안됩니다. 당신이 내면에서 느끼는 기도는 하나님께서도 느끼십니다. 기도 모임에서 부담과 함께 일제히 드려지는 기도의 힘은 개인 기도를 능가

합니다. 그렇지 않다면, 공동 기도를 하는데 의미가 없을 것입니다. 신자들 사이에 있기 쉬운 어떤 불화도 없이 한 마음으로 드려진 기도는 가장 효과적입니다. 하나님은 그런 기도들을 확실히 들어주실 것입니다. 이런 까닭에, 우리가 기도는 일이다 라고 말할 때 이 말은 진실인 것입니다.

너무 오래, 너무 많이 기도하지 마십시오. 기도가 그물을 던지는 것과 같다는 말은 참으로 사실입니다. 하지만 그물을 던지는 것은 한 사람이 아닙니다. 무언가가 기도되지 않은 채 남아 있다는 느낌이 들 때는 당신은 하나님께서 다른 누군가를 일으키시어 그 기도를 하도록 은밀히 기도해야 합니다. 내가 영국에 있었을 때, 한 기독교인 친구가 어떤 기도 모임에 관한 이야기를 내게 해주었습니다. 많은 것들을 기도했던 한 친구가 있었습니다. 그가 너무 길게 기도했으므로 그만 해야겠다고 느꼈더랍니다. 그러나 기도해야 할 일들이 아직 많이 있다는 느낌도 들었답니다. 한편, 그는 자기가 기도를 멈추면 다른 아무도 그의 기도를 계속하지 않을 것을 염려했고, 또 한편으로는 그가 기도를 계속하면 너무 많은 시간을 쓰지 않을까 염려했습니다. 그렇지만, 다른 사람들을 위한 배려에서 그는 다른 형제가 기도하도록 결정을 지었습니다. 그래서 그는 조용히 속으로 이렇게 기도했답니다. 나는 한 개인으로서 이 모임에서 충분하리만큼 기도했으니 주님, 다른 형제가 제 기도를 계속하도록 배려해 주소서라고 했더랍니다. 그가 공중 기도를 끝냈을 때, 다른 사람이 실제로 그의 기도를 이어 계속했고, 그가 기도 되어지도록 기다렸던 모든 일들을 위해 기도했답니다. 그러니까 비록 당신의 생각들이 강하고 좋고 많더라도 당신 역시 하나님께 구하여 그 같은 모임에서 다른 사람들이 기도하도록 하셔야 합니다. 하나님은 이런 요구에 따르실 것입니다. 그가 살아 계신 하나님이시기 때문입니다. 기도 모임에서 우리는 다른 사람들에게 기도할 기회를 드려야 합니다. 이렇게 해서 우리는 다 함께 생전에 기도할 수 있을 것입니다.

가끔 하나님께서는 형제자매들 가운데서 한 사람을 쓰시어 그들을 위해 말하게 할 것입니다. 기도에 경험 있는 사람들은 어떤 필요를 표현하기 위해 적절한 낱말을 얻기가 얼마나 어려운지 압니다. 여러 사람이 같은 것을 위해 기도할 때가 많습니다. 그런데도 부담은 내려지지 않은 채 그대로입니다. 그러니까 우리는 하나님께서 우리의 부담을 기도로 표현할 말씀을 주십사고 구하도록 합시다. 우리 가운데서 하나님의 생각을 표현할 수 있는 한 사람을 일으켜 주시도록 하나님께 구합시다. 가끔 열 사람이 어떤 한 문제를 놓고 함께 기도하는 수도 있습니다. 그리고 모두가 기도를 잘 했습니다. 그런데도 그들 사이의 일치된 느낌은, 아무도 과녁을 맞추지 못했다는 것이었습니다. 갑자기, 한 형제가 기도하기 시작합니다. 기도함에 따라 그는 과녁을 맞춥니다. 이것이 그거다 라고 모두가 느낍니다. 그리고 모두가 아멘 할 것입니다. 이것이 성령 안에서 기도하는 것입니다. 한 기도 모임에서 모두를 위한 내적 필요를 표현할 수 있는 사람이 없다면 그 모임은 실패입니다. 한편, 사람들이 저녁 7

시에서 7시 반까지 기도했고, 짐이 내려진 지점에 벌써 도달했으면 더 기도할 필요가 없으므로 모두 집에 갈 수 있을 것입니다. 성령의 말씀은 하나님의 생각을 표현하는 사람을 통해 성령에 의해 표명됩니다. 그런 기도는 빈틈이 없으며, 효과가 있습니다.

1926년에 후쵸에 있을 때 나는 심하게 앓았습니다. 내 온 몸이 보랏빛으로 변했습니다. 세 형제와 한 자매가 나를 위해 기도하러 내 방에 왔습니다. 첫 번째 사람이 눈물로 기도했습니다. 그런데도 나는 감동을 느끼지 못했습니다. 두 번째 사람이 열심히 기도했습니다. 그래도 나는 여전히 아무런 느낌이 없었습니다. 세 번째 사람은 기도의 용사로 알려져 있었습니다. 그러나 그의 기도 또한 전혀 쓸모가 없었습니다. 네 번째 사람은 그 자매였습니다. 그녀가 입을 열며 이렇게 기도했습니다. "사망 중에서는 주를 기억하는 일이 없사오니 주께 찬양할 자 누구리이까"(시 115:17, 사 38:18). 나는 즉각 이것이 그것이었다는 느낌이 들었습니다. 기도가 끝나기도 전에 나는 병이 나은 것을 알았습니다. 짐(부담)은 내려졌고 병은 치유됐던 것입니다. 그 날 오후 나는 자리에서 일어났고, 다음날 나는 주의 일을 위해 여행길을 떠나고 있었습니다. 이런 까닭에, 기도 모임에서 하나님께서 우리를 하나님의 입으로 사용되어지도록 우리가 성령의 말씀을 발설하여 형제자매들의 부담과 필요한 것을 표현할 수 있도록 간구합시다.

최근 어떤 회합에서 있었던 일 또한 말씀 드리겠습니다. 우리 집회는 1월 20일 주일에 시작했습니다. 17일 기도 모임에서 우리는 이 승리의 집회를 위해 특별히 기도했습니다. 많은 형제들이 많은 일들을 위해 열심히 기도했고, 나는 아멘으로 열정적으로 화답했습니다. 그러나 부담이 발설되지 않은 듯 무언가 부족한 느낌이 남아 있었습니다. 뒤에 한 형제가 입을 열어 기도했습니다. "오 하나님, 저희에게 좋은 날씨를 주시어 너무 춥지도, 비도, 눈도 내리지 않게 하시옵고, 저희가 조용히 만날 수 있게 해주옵소서." 그 기도 모임의 모두가 즉시 접촉됐다는 느낌이었고, 아멘 소리가 다른 기도들 때보다 더 컸습니다. 집회가 시작되기 전에 날씨가 그리 좋지 않았습니다. 그러나 집회일 전 금요일에 비와 눈이 모두 그쳤습니다. 비가 언제 다시 왔겠습니까? 우리 집회가 끝난 뒤 목요일에 왔습니다. 집회 기간 내내 비가 한 번도 오지 않았습니다. 더우기, 우리가 모임을 가졌던 곳 길가에는 한 가족이 장례식을 치르고 있었습니다. 집회 전날 토요일 그들은 장례식을 치르는 동안 엄청난 소음을 내었습니다. 그러나 둘째 날 그들은 멈추었습니다. 그리고 우리 집회가 끝난 후에 가서야 그들은 다시 큰 소음을 내며 장례식을 치르기 시작했습니다. 그들이 집회 기간에 그렇게 했더라면, 우리는 조용히 집회를 열 수가 없었을 것입니다.

    이런 까닭에, 우리는 성령의 입이 될 사람들이 필요합니다. 우리가 그런 사람들을 갖고 있다면 어려움이 없을 것입니다. 우리의 어려움은 필요를 이해하지 못했기 때문에 있는 것입니다. 부담이 내려질 때마다 일은 성사되는 것입니다.

제31일

기도 모임(2)

모든 것을 적당하게 하고 질서대로 하라(고전 14:40).

기도 모임은 중요한 모임입니다. 각 모임의 종류는 그 나름의 특정의 성격을 갖습니다. 하나님께서 우리가 땅 위에서 계속되게 하시려는 증언은 복음을 설교하고, 떡을 떼고, 함께 기도함으로서 공동으로 연대적으로 성취되게 하기 위한 것입니다. 기도 모임들은 어려울 수도, 쉬울 수도 있습니다. 새 신자들은 이런 종류의 모임에 대해 배울 필요가 있습니다.

1. 다 함께

함께 기도하는 형제자매와 관련해서 근본 중요한 필수 요건은 다 함께 해야 한다는 것입니다. 주는 마태복음 18장에서 우리가 땅에서 일치되지 않으면 안된다고 하십니다. 오순절 전과 그 날에 백이십 명이 다 같이 한 곳에 모여 기도했습니다(행 4:1-2). 그러므로 기도 모임의 첫째 조건은 한 마음 한 뜻이 되는 것에 있습니다. 각 사람이 자기 나름의 뜻을 갖고 있다면 어떻게 기도를 위해 모일 수 있겠습니까? 마태복음의 "합심하여"란 말씀은 매우 중요합니다. 주님은 "너희 중의 두 사람이 땅에서 합심하여 무엇이든지 구하면 하늘에 계신 내 아버지께서 그들을 위하여 이루게 하시리라..."(19절)고 약속하십니다. 이 헬라어 단어는 음악에서 하모니를 나타내기 위해 사용되었습니다. 어떤 사람이 혼자 연주하고 있다면 문제가 없습니다. 그러나 세 사람이 함께 연주할 때 한 사람은 피아노, 또 한 사람은 바이올린, 다른 또 한 사람은 풀르트를 연주하는데 그들 중 한 사람이 가락이 맞지 않으면 결과는 불협화음이 될 것입니다. 이처럼 기도하는 사람들은 불협화음이 되어서는 안됩니다. 우리가 서로 일치할 수 있으면 하나님은 우리가 무엇을 구하든 들어주실 것입니다. 우리가 땅에서 매면 하늘에서도 매일 것이며, 우리가 땅에서 풀면 하늘에서도 풀릴 것입니다. 기본 조건은 조화입니다. 그러므로 우리는 각자 자기의 소원에 때라 기도하지 말고 화합하는 법을 배웁시다.

2. 특정한 요망 사항을 가지고

이 화합의 목표를 어떻게 성취할 수 있겠습니까? 수많은 기도 모임에서 나는 가장 큰 문제는 너무 많은 요구사항에 있음을 보고 있습니다. 기도할 주제가 너무 많이 있는 한 화합에 도달하기는 매우 어렵습니다. 우리들 자신이 오, 육십 개의 기도 항목을 가짐으로서 불화를 만들어냅니다. 그것은 모든 것을 포함하는 모임이 되는 것입니다. 우리는 성경에서 그런 상황을 발견하지 못합니다. 성경에서 우리는 한 특정 문제를 위해 기도하고 있음을 봅니다. 이를테면, 베드로가 감옥에 있을 때 교회가 그를 위해 기도한 것을 봅니다. 우리는 또 많은 것들을 위해 기도해서는 안되며, 한 가지 특정 문제를 위해 기도해야 합니다. 제목이 하나일 때, 화합을 가져오기는 쉽습니다. 항목이 너무 많으면 우리 기도가 판에 박힌 일과가 될 것입니다.

나는 수많은 지역의 기도 모임들에 철저한 변화가 와야 한다고 믿고 있습니다. 각 기도 모임은 한 가지를 위한 것이 되게 합시다. 아마 우리는 실직당한 형제자매들이나, 환자나, 가난한 사람이나, 이런 사람들의 하나를 위해 기도해야하겠지만 그 외의 것은 아닙니다. 주제가 하나이면 우리는 쉽게 일치할 수 있습니다.

우리가 한 가지를 위해 기도를 끝낸 후에 시간이 있으면 다른 기도 문제를 말할 수 있을 것입니다. 우리는 기도 사역을 하나님 앞에서 하지 않으면 안됩니다. 기도 모임을 두 부분으로 구분할 수 있을 것입니다. 각 파트가 각기 한 가지를 위해서 기도할 수 있을 것입니다. 동시에 두 가지를 위해 기도하면 사람들이 일치되기가 어렵게 됩니다. 그러므로 기도를 시작할 때 두 가지 항목을 분별없이 고지

(告知)하지 마십시오. 책임감 있는 형제로 하여금 한 번에 한 가지를 고려하게 하십시오. 기도 모임에서 가장 필요한 것은 요구 사항들을 단순하게 하는 것입니다. 기도의 목적은 일들을 성취하는 데에, 일들이 이루어지게 하는 데에 있습니다. 기도의 목적은 사교적 이유에도, 사람들을 기쁘게 하는 데에도 있지 않습니다. 따라서 기도 모임은 모든 것을 다 포함할 수 없습니다.

사도행전 1, 2장에 표현된 그 특정한 기도의 힘이 오순절을 가져왔습니다. 십자가가 하나님의 아들이 성취하신 사역이었듯이 오순절은 하나님의 자녀들의 기도를 통해 성취된 사역이었습니다. 그것이 어떻게 성취되었습니까? 한 목소리로 기도했기 때문입니다. 우리들도 그렇게 흐트러지지 않은 집중된 자세로 기도합시다.

기도 모임에 참석하는 사람은 믿음의 준비를 하고 와야 합니다. 가능하면, 형제자매들은 사전에 기도 요구사항을 미리 들어 앎으로서 그것을 위한 부담을 가질 수 있어야 합니다. 첫째로 필요 의식을, 둘째로 부담을, 끝으로 간구가 있어야 합니다.

3. 실상으로

기도 모임에는 기도를 위한 또 한 가지 기본적 필요가 있는데, 그것은 실상(reality) 또는 진정함입니다. 제 개인적 관찰에 의하면 (저는 감히 과장하지 않습니다), 기도 모임에서 표현된 모든 말의 절반은 거짓되다고 판정할 이유를 갖고 있습니다. 많은 기도자들의 동기가 하나님이 들으실 것인가가 아니라, 사람이 시인할 것인 가에 있다는 것입니다. 하나님이 내 기도를 응답하실까 그 여부는 그것이 사람들을 기쁘게 하는 것인 한에는 중요하지 않은 것입니다. 그 결과, 기도 모임의 기도들이 겉치레뿐이거나 공허하다는 것입니다.

참된 기도는 머릿속의 상상에서 오지 않고, 마음의 소원에서 옵니다. 참된 기도는 마음의 느낌을 표시하며, 그것은 내면의 깊은 갈망으로부터 일어납니다. 이런 이유로 구약성경의 기도는 하나님께 향으로 드려졌습니다. 모든 구약의 향은 나무에서 만들어졌습니다. 껍질을 잘라낸 후 나무에는 일종의 수지(樹脂)또는 송진이 스며나왔는데, 이것으로부터 향이 만들어졌습니다. 이런 까닭에 기도는 손닿는 곳에 있는 그 무엇을 드리는 것이 아니고, 가장 깊은 마음 속으로부터 파낸 그 무엇을 드리는 것입니다. 상처로부터 스며나오는 그 무엇을 닮고 있는 것입니다. 그런 기도들은 많은 사람이 안이한 기도들, 귀를 기울이기에 좋은 것, 그러나 내용은 지극히 평범한 것들과는 아주 다릅니다. 우리의 기도를 하나님이 들으시기 위한 것으로, 형제자매들의 귀를 즐겁게 하기 위한 것이 아님을 잘 기억합시다.

만약 기도 모임의 기도들에 실상이 결여되어 있다면, 우리는 교회가 강해지기를 솔직히 기대할 수 없습니다. 교회가 강해지기 위해서는 기도 모임들이 강해지지 않으면 안됩니다. 기도 모임들이 강해지려면 모든 기도가 진정한 것이어야 합니다. 우리는 기도를 거짓되게 할 여유가 없습니다. 하나님은 결코 거짓된 것을 보상하시지 않을 것입니다.

기도는 설교가 아니며, 강의도 아닙니다. 기도는 하나님 앞에서 구하는 것입니다. 그러므로 하나님이 상황을 모르신다는 듯, 당신의 자세한 지적인 리포트와 논증이 필요하다는 듯 많은 말을 사용하지 마십시오!

우리가 기도하는 것은 우리에게 필요한 것이 있기 때문입니다. 우리는 영적 공급과 능력을 받기 위해 옵니다. 우리의 필요가 크다는 의식에 따라, 그 한도에 따라 우리는 현실적으로 기도합니다. 우리가 필요를 느끼지 못한다면, 우리 기도는 비현실적인 것이 될 것입니다.

가장된 기도의 근본 원인 중 하나는 기도하는 사람이 거기 있는 다른 사람들을 전혀 잊을 수 없다는데 있습니다. 항상 다른 사람들을 의식하기 때문에 그는 기도에 쉽게 불신실하게 되는 것입니다. 이런 까닭에 기도 모임에서 한편으로는 그의 기도가 전 회중을 대표하지만, 또 한편으로는 그가 하나님과 혼자 되어 필요에 따라 진실되게 구하고 있다는 것을 기억해야 합니다.

기도가 한정될수록 그의 기도는 더 확실해집니다. 당신은 주 예수께서 사용하신 그 비유를 기억하실 것입니다. 친구 하나가 뜻밖에 찾아왔으나 그는 친구에게 먹일 것이 아무것도 없습니다. 그래서 당신은 떡을 구하러 다른 친구에게로 갑니다. 필요는 매우 뚜렷합니다. "구하라 그리하면 너희에게 주실 것이요 찾으라 그리하면 찾아낼 것이요 문을 두드리라 그리하면 너희에게 열리리라"(마 7:7). 실제적 필요가 있을 때 당신은 감히 소홀하게 될 수 없습니다.

4. 간결하게

기도는 현실적인 것인 만큼 간결할 필요가 있습니다. 거의 성경의 모든 기도는 매우 간결합니다. 마태복음 6장의 이른바 주기도는 아주 짧습니다. 요한복음 17장에 기록된 떠나시기 전에 드리신 주님 자신의 기도는 길어 보입니다. 하지만 오늘의 하나님의 많은 자녀들의 기도들보다는 훨씬 짧습니다. 사도행전 4장에 있는 온 교회의 기도조차 간결합니다. 에베소 1장의 기도는 가장 중요한 기도 중의 하나입니다. 그러나 5분도 안되어 쉽게 끝날 수 있습니다.

기도가 길수록 겉치레뿐이요 속빈 강정처럼 되는 경우가 많습니다. 다만 두 문장만이 실제적입니다. 나머지는 모두 군더더기입니다. 이 두 문장은 하나님이 들으시기 위한 것이며, 나머지는 모두 형제자매들의 귀를 위한 것입니다. 우리는 젊은이들에게 기도를 간단하게 하도록 가르쳐야 하며, 연장자들이 길게 기도하면 괜찮지만, 젊은이들은 그렇게 하면 안된다고 일러주어야 합니다. 실제적 문제로서, 긴 기도들은 교회에 큰 손상을 주기 쉽습니다.

한번은 어떤 자매가 기도를 오래 하여 전 회중의 인내를 소모시키자, 무디는 매우 지혜롭게도 일어서서 이렇게 말했습니다. "우리의 자매가 기도를 계속하고 있으니, 우리는 찬송을 부릅시다. 우리 중에 아무도 기도 모임 중에 조심성 없게 되지 말게 하옵소서." 우리가 진정으로 한 목소리로 기도한다면, 우연히 들어온 비신자들이 이 기독교인들은 무언가 중요한 것을 하고 있다고 인정하게 될 것입니다. 긴 기도는 힘을 빼지만, 간결한 기도는 모임에 힘을 더해 줍니다.

「모세 오경의 주해」의 저자 시 에이취 맥킨토쉬는 올바르게 말한 적이 있는데, 그는 여러분은 기도로 하나님의 자녀들을 학대하는데 쓰지 말기를 부탁한다고 했던 것입니다. 회초리로 여러분을 때리는 사람들이 많지는 않겠지만, 기도로 여러분을 때리는 사람들이 많습니다. 여러분은 자리에 가만히 앉아 있기가 힘들 것입니다. 하나님의 자녀들이 참되고, 간결하게 기도하게 합시다.

제 31일 「기도모임 (2)」의 주와 묵상 내용:

....
....
....
....
....

본서의 발췌부분 목록

Day 1- LET US PRAY pp.1-4
Day 2- THE LATENT POWER OF THE SOUL pp.46-48
Day 3- LET US PRAY pp.16-20
Day 4- THE PRAYER MINISTRY OF THE CHURCH pp.39-42
Day 5- THE PRAYER MINISTRY OF THE CHURCH pp.42-44;
    INTERPRETING MATTHEW p.103
Day 6- THE PRAYER MINISTRY OF THE CHURCH pp.45-49
Day 7- THE PRAYER MINISTRY OF THE CHURCH pp.52-60
Day 8- THE PRAYER MINISTRY OF THE CHURCH pp.60-63
Day 9- INTERPRETING MATTHEW pp.99-102
Day 10- THE PRAYER MINISTRY OF THE CHURCH
    pp.68-69,73-74,77
Day 11- THE GOOD CONFESSION pp.80-81;
    A LIVING SACRIFICE pp.89-90,91
Day 12- LET US PRAY pp.34-36,39-40
Day 13- FROM FAITH TO FAITH pp.73-74,76-77
Day 14- THE FINEST OF THE WHEAT, VOL.2 pp.51-52,62-64
Day 15- LET US PRAY pp.37-39,62-63
Day 16- PRACTICAL ISSUES OF THIS LIFE pp.19-23
Day 17- THE PRAYER MINISTRY OF THE CHURCH
    pp.111-113,116-117,118-119
Day 18- A LIVING SACRIFICE pp.86-88
    THE GOOD CONFESSION pp.78-79
Day 19- A LIVING SACRIFICE pp.91-95
Day 20- LET US PRAY pp.43-46,47-49

Day 21- THE PRAYER MINISTRY OF THE CHURCH pp.27-32
Day 22- THE PRAYER MINISTRY OF THE CHURCH pp.9-12,17-20
Day 23- THE PRAYER MINISTRY OF THE CHURCH
           pp.23-26,33-35
Day 24- THE PRAYER MINISTRY OF THE CHURCH
           pp.89-90,91-92,95-97,97-99
Day 25- THE PRAYER MINISTRY OF THE CHURCH
           pp.103-107,107-109
Day 26- THE PRAYER MINISTRY OF THE CHURCH
           pp.92-95,101-102
Day 27- LET US PRAY pp.56-60
Day 28- LET US PRAY pp.23-27,29
Day 29- ASSEMBLING TOGETHER pp.35-36;
           THE LORD MY PORTION DECEMBER 7TH;
           THE BODY OF CHRIST: A REALITY pp.12-13,17,19
Day 30- THE CHURCH AND THE WORK, VOL. I ASSEMBLY LIFE
           pp.83-86
Day31- ASSEMBLING TOGETHER pp.57-62

역자
전 중부대학교 신학과 교수
정년 퇴직

미국 전화 (310)832-7533

하나님의 능력

■
초판 1쇄 인쇄 / 2007년 4월 1일
초판 1쇄 발행 / 2007년 4월 5일

■
지은이 / 윗취먼 니
편　집 / 미 크리스찬 휄로쉽 출판사
옮긴이 / 문 창 수
펴낸곳 / 정 경 사
충남 계룡시 엄사면 엄사리 232-70
☎ (042)841-0442

■
출판등록번호 / 제 22-1653호
출판등록일 / 1977. 10. 28

총판: 좋은 세상
☎ (0505)301-3927

정가 6,800원
ISBN 978-89-92349-14-7 03230
Printed in Korea

본 출판물은 저작권법으로 보호 받는
저작물이므로 출판사나 저자의 허락없이
무단 전재나 무단 복제를 할 수 없습니다.